ホテル・旅館の財務三表

鈴木光一
SUZUKI Koichi

文芸社

はじめに

日本には２８５万社の会社が存在します。そして昨年２０２３年の倒産件数は８５００社で約０・３％。たいした数字ではないと言われています。ただしこれは分母に何を持ってくるかで考え方が違ってきます。例えば分母に３６５日を持ってくれば1日に23社の会社が倒産したことになります。これを「倒産件数×ステークホルダーの数×３６５日」と考えると、多くの人が倒産で影響を受けたのかがわかります。もはや、たいしたことではない数字になります。企業倒産件数はさらに増え続けており、令和６年（２０２４年）は9月で７２９４件にのぼり、このままいけば1万社を超えるのではないかと思われます。特に中小企業は難しい状況に立たされているようです。

日本のホテルや旅館は財務諸表を自ら社員に公表してこなかったと聞いております。社員の努力の結果は損益計算書に表れますが、実態は幹部社員による部門毎の業績等を会議で報告し合う形で、その他の貸借対照表やキャッシュフロー計算書の開示には制限があるようです。この辺がこの業界が財務リテラシーに弱いといわれてきた所以でもあるのでしょう。また一部の経理社員のみが財務に長《た》けて、一般社員は会社の状態を詳しく知らないし決算書も読めないので甘く見られていたのかもしれません。それは社員の賃金体系を長く低滞させてしまった帰結でもあったのでしょう。「自分が働く会社を財務的に知る」ということは自然なことですし、そのことにもっと意欲を持ってくれればと思いながら書いたのが本稿です。

ホテル・旅館業界関連の集いの時でしたが、出席者の一人から質問を受けたことがあります。それは「このネットの時代に活字の媒体にさほどの重要性を感じない」というものでした。この人は「ネットですべてわかる時代」、『検索』すればわざわざ『本』に頼らなくて良いのではと主張されていました。いわゆる、「デジタル」と「紙」の比較で、すべてはデジタルが紙を凌駕するとの示唆でしたが、筆者は「紙」は深く理解できるものと信じています。つまり「紙」は文章を読んで、肌で感じて、また立ち止まって考え、さらに読み進んで時には戻ることもできる、つまり理解度という範囲と幅が非常に深く広いものです。切り抜きやスクラップなども貴重な参考資料として保存も可能です。一方デジタルは「検索」によって関心事には速やかに答えてくれるものの、考えるという「熟考と理解」という深度では紙には及ばないと思います。

図面に例えると「デジタル」は平面図、「紙」は奥行きも幅も、さらに立面図と平面図とを併せ持ったようなもので守備範囲が広いものです。「デジタル」は検索ですから詳細に吟味する努力が希薄となり、読み耽ることなしに、結果として結論に性急に拘泥すると思われます。

もう一つ、この「検索」は、関心があるから検索しますが、関心がなければ無関心。そしてもし無関心事が重要なことであるならばどうなりましょう。

デジタルは「貴方がわかっていなければならないこと」を教えてはくれません。物事の必要性と必然性は紙媒体がまずは教えてくれるものです。そこから学習心が開花し、そして検索機能も力を発揮してくれます。さらに紙のページを開けば、広く教えてくれるのは実は一瞬のデジタルではなくて守備範囲の大きい紙媒体であることがわかるでしょう。つまり「デジタル」と「紙」を同一比較するのではなくて、デジタルと紙媒体の特徴と特質を理解して両立共存させ、それぞれを上手く使い分けることこそが大事なのです。

ホテル・旅館業界、また広義の観光産業に従事される多くの企業の皆さんにも、財務を身近なものとして利活用するスタンスに変化していってほしいと思います。それが業界のレベルアップに通じていきます。

目次

第3章 キャッシュフロー計算書 235

第4章　ROEとROA　257

第1章　損益計算書

いよいよ損益計算書（Profit & Loss Statement／略称ＰＬ）の学習です。損益計算書とは一体どのようなものなのか、そして「儲けの構造」の売上高（あるいは、売上）と関連しての重要業績評価指標（ＫＰＩ／Key Performance Indicator）を学習していきます。本章の目標は皆さんが損益計算書をより深く理解して利活用するようになり、改めて計数管理を身近なものとして仕事に取り入れることにあります。なお、このＫＰＩは日常の業務を数字で捉えてその業績評価を深く考察するためのものです。本章は次の通りの構成となります。

1　損益計算書とは
2　損益計算書と売上思考
3　損益計算書と売上関連ＫＰＩ

どうして、あえて「損益計算書と売上関連」なのか。それは、売上という最も大事な勘定科目は損益計算書以外の諸表には登場しないし、それが唯一、企業の「収益性」を見るものだからです。売上は経営の骨幹であり、企業経営者はその実態の把握に大きな責任を負う立場にあります。それを、2と3を通して深く詳細に学習していきます。

本章は多少長くなりますが、特に2においては売上に関連する諸説がたくさん出てきます。

損益計算書は財務三表の中で唯一、売上という「儲け」を教えてくれますが、さらに深く掘り下げて売上をいろいろな角度から熟考します。また、重要と思われるところは太字にしています。なお、巻末に参考資料があり、「図表1」のように番号がつけられています。この図表参照が出てきたら、巻末の資料をご確認ください。

また、ホテル関連の財務リテラシー（Literacy）についてもそのつど触れていきます。幾度か「ホテル・旅館業界は財務リテラシーに弱い」と聞きました。財務リテラシーとは財務に関する知識や分析能力のことで、それを身近な運営技術としてもっと具体的に研鑽《けんさん》して活用すべきだと考えられています。

東京オリンピック・パラリンピックの時に「おもてなし」という言葉が流行《はや》りました。そして、この日本流の「おもてなし」こそが海外からの訪日客を魅了する大事なものともてはやされました。この「おもてなし」という副次的なことが、経営運営の最も重要な課題と主観的に捉えられ、財務関連マターと主客転倒してしまったのではないかとさえ私には思えます。

財務は会社の命運を決める大切な物差しです。この財務環境の上に、この「おもてなし」がありいます。両者はそれぞれ次元の違う2つのカテゴリーですが、まずは事業を取り巻く財務を健全な形に保っていくことが大事で、その上での「おもてなし」なのです。

またキャリアパス（Career path）という業界用語にも触れます。お聞きになられたことはありますか。道筋のことです。「ホテルマンを目指せ」と言うわりには、目指す職務と職責をどのような形で研鑽しながら経験を積んでいくのかが、いまいちわからないと言われます。つまり茫漠《ぼうばく》としているようで、このような現状には、財務関連マターの認識の希薄性も一因しているのではと考えられます。

私もまだ多くの若いホテルの後輩諸氏と付き合っていますが、この財務関連の話になると途端に彼らの口数が減ります。財務マターはホテル運営には必須と教示しますが、暖簾《のれん》に腕押しです。

あるホテルで臨時の講師役を務めましたが、利益や売上などの発言は頻繁に出てくるのに現預金の話題は出てきませんでした。手持ちの現預金が薄くなって資金繰りが経営を圧迫しますが、この辺りで財務関連の話は打ち切りとなります。

要は、ホテルマンは財務マターにはほぼ無関心なのです。これが実態でした。これからは違います。まずは心構えをして、この損益計算書をスタートラインにおきましょう。では、一緒に損益計算書の学習に着手しましょう。

１　損益計算書

１‐１　損益計算書とは

売上高から食材などの売上原価を引いて売上総利益（または、粗利益）を出し、さらにすべての費用の販管費を差し引いてまずは本業の儲けの営業利益を見ていく第1の財務諸表です。皆さんが特に日常頻繁に口にする運営の実力値のＧＯＰ（Gross Operating Profit）に代表される企業体質になっているかの重要指標です。

初めてこの損益計算書を見る人も、またすでにある程度の学習を終えた人も、私は個人差などに配慮はしていません。一つだけ意識しているのは、広義で特にホテルや旅館を含めた観光産業に従事する人のための財務関連の著書であるということです。

冒頭で営業利益について触れましたが、「図表1　損益計算書‐1」の上から順に勘定科目に沿いながら説明していきます。さらに、この本業の儲けの営業利益から本業の儲け以外の損益をも出していきます。

例えば、配当金からの利息や借入金関連の利払いなども増減されて経常損益が算出されます。海外事業からの為替の変動の差益差損も損益として計上されます。これらが世に言う「ケイツネ」のことで経常利益です。

また、資産の売却からの収益や、リゾートホテルでよく見られる自然災害による損失や前期の損益修正など、臨時的にして一過性のこれら特別損益も加減されて、1年という期間の最終利益の当期純利益が算出されます。コロナ禍からの損失などもそうですが、これが損益計算書の概略で、企業の最も大事な売上高と費用とそして利益をしっかりと教えてくれる財務三表の一つです。これらをさらにわかりやすく次項「1-2」に5つの利益と題して詳説していきます。

また毎月の月次報告に始まり、3カ月ごとの四半期報告、中間決算の半期報告、そして1年間の通期と、それぞれの期間の業績がまとめられます。通常、損益計算書の上部にこの業績の期間が明示されます。そして、損益計算書は期間ごとに企業損益の「収益性」の構造と実態を見ていく重要な経営成績です。

損益計算書は、本来経営効率の基本を教えてくれる財務諸表です。それは営業活動の売上高から本業の儲けの営業利益を出すという「売上の最大化と経費の最小化」を試みる使命的指標です。この帰結が最終的な当期純利益を生み、それが貸借対照表の純資産に累積され、さらに投資され、新たな儲けの源泉を創出してくれる財務循環活動に繋がっていきます。なお、純資産というのは、後述する貸借対照表を構成する一部門で、「資産から負債を差し引いたもの」を指します。

損益計算書では稼ぐという収益性を見る、次いで安全性がわかる貸借対照表を見る、そして現預金の流れを見るキャッシュフロー計算書や資金繰り表などで将来の（再）投資を見る、となって、これらの財務諸表が企業の継続経営の基盤を確立してくれます。そのトップバッターがこの損益計算書です。

話が逸れますが、実は私は海外ホテルの総支配人を任命された時、内部監査や現地の外部監査の詳説を理解するために、日本から教材を取り寄せて猛烈に勉強した経験があります。その最初が、この損益計算書の学習から全面的にやり直すことでした。これが日本における私の財務との出会いでした。

なお、蛇足ですが、しかしとても重要なことですのでこの項の最後に言っておきます。それはいろいろの重要指標が「率」で登場してきますが、同時に「額」も理解してほしいのです。一例ですが、売上高営業利益率９％と言っても「２億円」と知って、はじめて関係関連するさまざまな実態が見えてくるものです。率と額は一体であることを頭に入れて各指標を見ていってください。

１‐２　５つの利益

損益計算書は、次の通り５段階の利益で構成されます。それは売上総利益、営業利益、経常利益、税金等調整前当期純利益、そして当期純利益の5つです。とても合理的な構成です。

損益計算書の流れの構成と5つの利益

売上高

売上原価

販管費

(1) 売上総利益

(2) 営業利益(GOP)

営業外収益

営業外費用

(3) 経常利益

特別損益

(4) 税金等調整前当期純利益

(5) 当期純利益

ホテルマン1年生の頃でしたが、新人社員の研修で初めてこの損益計算書に出合いました。損益計算書の基本は4則計算(加・減・乗・除)の世界で、構成そのものは難しくありません。ですから経理会計の世界はこの損益計算書さえマスターすれば良いものと、当時は本当にそう思っていました。つまり私の頭の中では財務一表の世界であったということです。

財務三表という存在を知るのは入社数年が経った頃に、経理課配属の同期の桜が社員食堂で口にした「棚卸」とか「債務超過」とか「黒字倒産」といういくつかの会計専門用語がきっかけでした。その後も経理に詳しい上司の方から教わりました。

１‐３　損益計算書の書式

ホテル業界の損益計算書の書式は、よく見られる標準型（巻末の図表１、２、３）と、部門別（図表４）とがありますので、巻末に例として掲載しておきます。

標準型は単純明快な「売上高－費用＝利益」の構成です。なお、費用の販管費とは、人件費、業務費、販売促進費、そして管理費などの総称です。この販管費の詳細は勘定科目に沿いながら順次後述していきます。また、この図表１、２、３の標準型の損益計算書はなるべく詳細に項目ごとの経費を網羅しています。お客様に対する客室の内部要求機能は数多くのアイテムが登場します。それらは固定費に属しますが、稼働してはじめて使用されるという観点からは変動費の範疇であるかもしれません。ホテルによってその判断はマチマチのようです。この変動費と固定費について説明していきます。

一方、部門別損益計算書でも宿泊部門を筆頭に費用経費も詳しく明示されます。また直接費と間接費、固定費と変動費、さらには限界利益率と損益分岐点なども記述されます。この損益計算書のフォームや書式には定義などはありませんので、管理会計（後で記述）の基本に準拠しながら業務業態に合ったもので良いと思います。

もう一つ、この部門別損益計算書で重要なことを付記します。それは、部門別損益計算書の真の目的は「部門別採算制度」の樹立であるということです。これは後述する「ベクトルの共有」に相通じることですが、仮にすべての部門で利益が出れば、企業としては黒字になることは明らかです。全社員がベクトルを共有しながら、いささかのずれもなく、配属されている部署で必ず予算を達成する自覚と信念を持つことが必要なのです。

加えて、この部門別損益計算書では費用の「配賦基準」が行われます。つまり何を基準としての費用配賦なのか。例えば人件費であれば当然各部門の人員数が基準になります。また、営業面積や売上額から、費用の按分配賦が決められます。配賦が決められて初めて部門別の予算が公平に確立されます。本書ではこの部門別採算制度を基本とした損益計算書を取り上げます。巻末の図表４「部門別損益計算書」の右方にある配賦基準などに着目してください。

企業経営に謙虚さが伴うと、各部署は喜んで配賦負担を引き受けるものです。また、管理部門は営業部門を裏方でしっかりと支えてくれる重要部門という位置づけでもあります。翌期の予算編成会議では健全にして活発な議論百出の場となりますが、それで良いのです。そして皆さんの企業努力がこの書式に落とし込まれます。

１－４　予実管理

部門別損益計算書は、「予実管理」の体系的にして明確な管理が可能で、しかも成果意識への向上が一層促されます。予実というのは、予算と実績を指します。

私は現役の頃、予算編成会議で口角泡を飛ばしてよく議論に臨みました。今振り返ってみると、議題は各部門の売上予算の枠組みで、いつも習慣的な売上編成に陥っていました。実はこれが指摘したいことで、本来、予算編成会議では「売上」とともに「総費用の変動費と固定費」と「利益」、これら3つの予算が詳細に問われるべきなのです。これらに責任を持って臨むことは、売上だけではなく費用も利益もしかりです。そして全社員が責任を持って臨むという企業体質。これほど大切なことはありません。

しかしながら、私が経験した多くは「帳尻合わせ」の予算編成でした。しかも「部門間における予算額の均一性が公平」という勘違いの概念を基にして、根拠の伴わない希薄性のある目標予算を立てていました。本来であれば、予算は各部各課の諸事情が勘案されて然るべきです。損益計算書はその達成への道標であって、迷子にならないように予実管理が導いてくれるものです。

予算と実績にマイナスの差異があれば、外部・内部両要因の慎重な分析が必要です。例えば商品そのものが起因しての不振なのか、それ以外の原因なのかを検証するのです。そしてそのような中での軌道修正は、可及的速やかに行わなければなりません。そのための予実管理は月ごとのフォローと四半期ごとの修正対応が大切です。昨今、四半期開示の義務化廃止かその維持かが賛否両論ですが、私は業種業態にかかわらず維持派です。企業は生き物ですから、直近の四半期の実態を知って軌道修正をすることはマストの作業です。昨今のデジタル化でも義務化の廃止に傾斜することには納得がいかないものです。

実績が予算を下回り、対前年も下回った場合は、該当する商品やメニュー、さらに設備施設が消費者や顧客に喜ばれていないことになります。速やかな実態調査が必須です。テレビなどでよく「あったらいいな」というコマーシャルが出てきますが、まさしく、商品や施設などは、需要があるものを供給していくことが重要です。

1-5　損益計算書の定義

ここで、損益計算書の特徴的な定義のようなものを説明します。それは次のようなことです。

①売上発生とその代金回収とさらにかかった費用などの計上は、いつも同時期ではありません。今月に売り上げて売上代金の入金は来月以降とか、しかしかかった費用は先月や今月などと、それぞれの計上時期がバラバラです。また売上が発生して代金は売掛金で「焦げつき」などが発生する場合もあります。

②この売掛金に利息はつきません。同様に後述の仕入原価の買掛金にも利子はつきません。

③売上の「入り」と費用の「出」ということで売上対費用とを相殺することはできません。

④売れていない仕入れた食材や飲料は売上原価の対象にはなりません。売れていないので売れるまでは貸借対照表の棚卸として計上します。特にこの④については注目してください。料理されていない食材などは売上原価の世界ではないのです。

⑤利益は概念で損益計算書の世界、そしてキャッシュは実際の現金で貸借対照表の世界。つまり両者はイコールではないのです。この事実から、損益計算書は基本的に会社の借入金支払いの源泉ですが、直接の原資ではありません。それは貸借対照表に計上されるものです。

⑥損益計算書は1年という期間の純損益を出すものです。ということは投資の原資にはなり得ず、それは貸借対照表の純資産の利益剰余金からの判断となるものです。

これら6項目のことは代表的な損益計算書の定義として理解してください。

損益計算書の中には5つの段階的利益があることを先述しました。それらを、勘定科目に沿いながら順次説明していきます。まずは売上高から見ていきます。続いて売上総利益関連の売上原価、つまり損益計算書を構成する基本の骨格の企業収益の全体像を見ていきましょう。

1-6　売上高

損益計算書の一番に現れるこの「売上高」から、皆さんは何を連想されますか。売上至上主義とか、それとも「売上より利益が大事論」、あるいは前述の企業のプレゼンス論などでしょうか。どれも正論ですが、私はいの一番に、売上からは「消費者」を連想します。

言うに及ばず、売上は消費者がもたらしてくれるものです。企業の供給に消費者の需要が生まれ、それが売上に結びつきます。この売上は売上総利益のＧＯＰ（Gross Operating Profit）の本業の儲けの営業利益の源泉でもあります。また売上は企業の存在の証と言われる市場占有率を見る重要指標です。いろいろな「源泉」が出てきましたが、特に貸借対照表の左側資産のトップに出てくる「現預金」と、損益計算書の一番上にある「売上高」は最も大事な指標です。さらに、この売上を分母に用いていろいろな分析指標の学習ができます。

売上関連では、在庫棚卸にも同時に注目することが大事とよく言われます。売れ残りは在庫となり、それは売上と連動していくものだからです。そのため、両者のバランスを見ていく必要があります。一番気に留めておかなければならないことは、在庫が増えて売上が減少する場合です。ホテルはほかの業界に比べて在庫は増えない業種です。在庫は食材の鮮度を落とします。鮮度は料理の生命線ですから半月分程度の在庫でも間に合います。

一般論では、このことを把握する客観的な指標として棚卸資産回転月数という計算式を使います。これは棚卸資産を１カ月当たりの売上原価で割り出すものです。重要な売上にあたるものですから、常にその伸張率を見ておかなければなりません。

それを具体的に検証するには、予実管理とともに、次の計算式を使って前年対比と過去３年に遡及しての３年対比を行います。

対前年売上伸張率＝当期売上高－前期売上高÷前期売上高

この際、内部要因と外部要因の両方の検証が大事で、内部要因に起因する場合は速やかにその詳細な原因の追及が重要です。加えて、資産と伸び率の検証も等しく大事ですが、それについては次項で詳述します。

バブルが弾けた時、多くのホテルや旅館も倒産しました。湯水のごとくに金融機関から融資を受け投資をしたのですが売上が覚束ない事態になり、つまり膨大な要債務と債務償還年数が待ち受けていました。これが現実でした。二度と同じ過ちを繰り返さないことです。本来は、売上が投資に見合わないことなどは起こりません。それが起こってしまったのは、何が欠けている時だったからでしょうか。欠けていたのは「冷静さ」と「謙虚さ」です。そして売上には「賢さ」が必要です。これらは「経営に対する資質」に裏打ちされるものです。

精神論でもなんでもなく、いつも会社がおかしくなる時は実態把握の希薄性と、３つの要素である冷静、謙虚、賢さが失念され、同時に売上に対する堅実性が脆《もろ》くなる時です。「これは、まずい」と認識し始めても思い止まらずに、執念が首をもたげて、乗り切ろうと泥沼化します。

儲かれば儲かるほどに実は謙虚さが求められるものなのです。

1-7 売上原価

今一度、図表3の「詳細損益計算書」の原価の欄を見てください。この原価こそが付加価値の創出の源流です。

松下幸之助氏が「利は元にあり」と言われたそうです。経営コンサルタントにして数多くの財務関連の著書で有名な小宮一慶氏の本にもこの言葉が出てきます。似たような言葉に「利は企画にあり」というものもあります。優れた商品の利の元は仕入れにあり、事業計画の成功は企画にあるというのがそれぞれの意味です。言うなれば、「元」は「利」をしっかりと俯瞰《ふかん》していることでしょう。

そしてこの仕入から商品が生まれ、付加価値が創出されます。基本、原価が最もかかるのは、施設総合完備型都市ホテルなどにおいては婚礼を含む宴集会部門と料飲部門（和食、中華、洋食、飲料など）です。この利の元の仕入れは購買用度から始まります。最も重要な部門の一つで、その仕入額、つまり貸借対照表の買掛金などは1ホテル・旅館当たり年間数十億の額に上ります。

この購買用度部門の大事な業務は「どこから、何を、いくらで、いかほど」仕入れるか、加えて品質と搬入とその管理業務などです。特に大切なことは「どこから」仕入れるかの取引業者です。取引業者は事前に選定登録され、仕入れ条件などはそのつど慎重に見直されなければなりません。これは「制度疲労」を回避するためです。

つまり、定期的な仕入原価の分析を怠る購買用度はマンネリ化し、仕入条件の硬直化は業務そのものが慣例的になって、特に登録業者の継続使用に制度疲労が起こります。制度だからと解釈し、仕入額などに踏み込まなくなります。結果、制度そのものに「壁」ができて仕入原価が固定します。定期的な契約内容の見直しは必須のことなのです。

同時に仕入値は外部環境の影響を受けやすく、関連経済指標にも常に注視する必要があります。それは文字通り「経営目線」を養っていく意識のことでもあります。登録外の業者からの取引についても制度に固執せずに柔軟に対応しなければなりません。その基本になるのが購買管理システムです。それはQuality（品質）、Cost（価格）、Supply（供給）、Delivery（納期）の4つです。購買用度課は常に「買いつける」という売手よりも有利な立場にあるはずで、この事実を最大限生かすことが重要です。

また、購買用度部門には「取引先評価表」があります。評価内容は常に客観的にして習慣的でなく、決しておざなりな評価にならないことが重要で、多くの業務知識が求められます。

例えば、食材は肉や野菜に代表される生鮮品に始まり、魚介類と乾物類、そして飲料類とありますし、また調理・料理部門との打ち合わせと調整業務は言うに及ばず、さらにメニューやレシピ、料理方法などの業務知識は、直接接客に従事される料飲部門にとってはマストです。このような部門間における相互業務知識の共有は食材原価の最大利用化に通じます。また、新規取引先選定についても同様に取引先評価表が有効に役立ってくれます。

購買用度という仕入は、いつも「受動的」でなく「能動的」であることが大事です。白地図に全国の農産地産物を落とし込み、能動的な全国行脚を実施して買付業務を実施すれば、従来の購買用度の売り込まれる受動的スタンスは極めて非効率であることに気づくはずです。それは「売り込まれる」という受動ではなくて、ホテル側の「買いつける」という能動が実は効率につながるということです。購買用度課員はあまり出張しませんが、業務が能動的になると劇的に購買用度の仕事が変化し、「供給先がこれほどにあるのか」と驚き、しかも中間業者の存在も少なくなっていきます。購買用度の買付業務はオフィスに四六時中鎮座して行うものではなく、本来は能動的なものです。仕入原価は、後でも出てきますが変動費です。変動費は売上に連動するので効率性が求められます。

損益計算書の中の原価や販管費は2つに大きく分けられます。それは変動費と固定費です。変動費は売上に準拠する形の費用や経費、そして固定費は売上に準じない一定の費用のことです。最も端的にして明確な変動費と言えば、売上原価です。それは、原価をかけて商品を作り、売上を創出していくという、売上の多寡で費用は変動します。

また、人件費の中の非正規社員のアルバイトやパート、イベント関連派遣社員、清掃員の中の1年以内の短期社員、派遣社員の経費、税／社会保障非該当者の嘱託社員や出向社員、そして1年以内の外注契約、操業関連の派生経費などは固定的でなく、操業内容や売上に左右されながら変動するものです。さらに、食材や飲料などの売上原価、客室関連の全リネン類やアメニティーグッズ（ホテルによっては業務費）、料飲宴集会のテーブルクロスやリネン類、関連しての消耗品費、続いて販売促進費、広告宣伝費、出張旅費、電話通信、水道光熱費の従量課金部分、接待交際費、各種支払手数料、コンサル料なども変動費です。

変動費と固定費を学習することはとても重要です。次の通り簡潔に両費用の定義を改めて記述しておきたいと思います。

〇変動費　仕入原価と売上原価、売上促進に連動準拠する費用など。

〇固定費　直接商品や売上に関係なくかかる費用。

なお、変動費の見直しの場合、顧客満足度には要注意です。変動費は売上に準拠するので、その増減と売上の増減は顧客満足度に微妙に表れます。慎重に検証することです。料理も同列ですが、料理原価と売上が正比例して上がるケースは「良」としますが、食材原価が上がったが売上はいまいち、原価は下がったが売上が芳しくないなど、原因検証は必要にして重要です。また、インフレ・デフレ現象は当然仕入値と価格の両方に影響が出ます。輸入物を多く取り扱っている場合は為替に傾注しなければなりません。円安の場合は仕入値が上がります。仕入原価に関係する購買、料飲、料理、営業の4部門は特に相互に情報提供し合いながら常時検証を怠らないことです。
食材の原価率の計算は次の通りです。
（期首残高＋期中仕入）－期末残高＝使用原価高÷売上高＝原価率
一つ注意しますが、数百名単位のバイキングなどで、参加延べ人数1000名以上などはよく起こります。洋食、和食、中華の各部門から食材を借りる場合は、該当バイキングの使用食材と借用食材をきちっと記録しておかなければなりません。これを失念すると原価率が下がることになって、間違った関連報告書が総支配人に上程されることになります。つまり、売上良好の割に実態は利益薄のバイキングということです。借りた食材原価が含まれていないことになりますから。そして、貸した各料飲施設は逆に原価高になってこれが大型施設などの場合は関連原価率がチグハグな状態に陥ってしまいます。
在庫＝仕入原価－売上原価
売上原価率＝売上原価÷売上高
後でまた出てきますが、売上原価と仕入原価はイコールではありません。理由は、まだ売れていないからです。また商品をたくさん作っても、同様に、商品原価は売上原価とイコールではありません。これらはすべて貸借対照表の棚卸資産に計上されて、売れたぶんのみが売上原価です。在庫と混同しないようにしてください。

１－８　ＦＬコスト

原価に関連したＦＬコストを説明します。もともとＦＬコストは飲食業界の指標です。ホテル関連セミナーでＦＬコストの話をしますが、詳細に理解している人は意外に少ないです。

Ｆ（Food）は食材のこと、Ｌ（Labor）は人件費のことです。損益計算書内でのホテルや旅館の２大コストは食材原価と人件費です。食材原価が売上の何％で人件費が売上の何％になるかの比率を気にしなければなりません。その標準率は、食材が30～35％、人件費が20～25％、あわせて60％くらいです。ただし、この標準値がそのまま各ホテルの料飲部門に適応するか否かは諸条件や事業環境によるので、一つのガイドラインではありません。この標準値が70％以上になると赤信号が灯ります。このＦＬコストの毎年の流れを、少なくとも、直近３年で見ることが大事です。特に変化の起因が内部なのか外部なのかを検証しなければなりません。食材と人件費という難敵ですからこの変化に機敏に対応しなければなりません。

同時に、料飲部門と宴集会部門の原価ですが、両者は通常食材原価率が違います。宴集会部門における１宴会当たりの人数が数百名単位になることは頻繁に起こりますので、原価率は下がります。対売上高料飲原価率は両部門合算でおよそ料理30％～、飲物25％～、に近い原価率になります。次の計算式を学習してください。

ＦＬコスト＝Ｆ（食材）＋Ｌ（人件費）÷売上高

料飲部門原価率＝（料理原価÷料理売上）＋（飲物原価÷飲物売上）

ＦＬコストの倍以上の売上高達成で採算が取れる、とよく指摘されます。例えば、同コストが１０００万円であるならば売上高は２０００万円以上で採算が取れるという目安です。次のように、ＦＬコストはいろいろな側面から対応しなければなりません。気を抜けば仕入原価は瞬く間に上がるものと承知しておくべきです。その科学的根拠などはないのですが、原価や諸経費は必然的に自ら上がっていくものです。不思議ですね。それはたぶん、計数管理への関心度です。要点を箇条書きにまとめておきます。

①食材廃棄や食品ロスをマニュアル化し、厨房マネジメントに落とし込む。浸透度と傾注度を記録し、定期報告として総支配人に上程すること。
②料理料飲部門全員がＦＬコストを共有認識する。
③取引先評価表とＦＬコストが連動関連していること。
④購買管理と原材料マスターファイルの一元化。制度疲労と相互機能不可に注視。
⑤仕入価格が外部環境に影響されていないか。仕入原価の高騰で価格に柔軟性があるか。為替への傾注度も。
⑥価格帯は過去3年間に遡及してその流れを把握する。
⑦メニューごととレストランごとの原価率の管理。また訪日客（インバウンド）の料飲摂取率の対比と分析。

⑧料飲、宴集会、婚礼の３部門のＦＬコストを常時詳細に算出。
⑨経済指標に傾注。
⑩新規取引業者の選択とその評価に慎重な対応。

原価は守備範囲が広くてそこに経営の主軸が見て取れます。特にこれは各料飲部門に顕著に現れます。料飲部門に力を入れるホテルは良質の食材を使い、高単価路線で「おいしい料理」を提供し、それが売上に直結するため決して原価高にはならない構図です。逆のパターンは、仕入価格が上がったということでそれを価格に転嫁するホテル、しかも料理そのもののグレードが上がったわけでもないという実態です。あまり感心できない実態です。これは、後述するバリューエンジニアリングにも通じることです。

繰り返しますが、原価率の基本は「売れた分だけが原価計算の対象になる」ということでした。つまり、仕入れた食材はいったん貸借対照表の棚卸資産に計上され、使われた食材のみが原価と見なされます。売れていないこれから料理する翌日や翌々日の、また翌月の数百名の団体の仕入食材は、当月の原価の対象にはなりません。それは売れていない在庫です。この辺のことを混同しないようにしてください。銀行から赴任されたある銀行マンが、会議の席上で各冷凍冷蔵庫内に保管されているいろいろな食材が売上原価に計上されていないと顔を赤くして指摘憤慨されたことがありました。後日、ご自身が間違っていることに気づかれて陳謝されましたが。在庫と原価は別物です。

ここで食材原価について重要なことに触れます。それはセグメントごとの原価率を把握しておくことの重要性です。通常、食材原価は「期首＋期中－期末」の計算式が基本です。加えて、料飲におけるいろいろのセグメント情報が極めて重要であることです。つまり、十把一絡げに処理することはあまりにも雑過ぎるのです。例えば、朝食、ランチ、そして夕食、ラウンジでの軽食、ビュッフェ、和食や中華、各種会議、小、中、大宴会関連、婚礼、バーでの飲み物とレストランでのアルコール類、さらに、邦人とインバウンドの訪日客など、いろいろのセグメント情報の分析は原価がどう売上に連動していくかが明確にわかり、コスト管理に大きく役立ってくれます。料飲部門におけるこのような詳細分析を実施することで見える景色が鮮明に違ってきます。

また、宿泊部門の原価のことですが、直接原価などはありません。ただし、ホテルによって例えば客室内のアメニティーグッズなどを業務費用などではなくて売上原価として計上する場合があります。ここはホテルによってマチマチです。また宴集会部門の婚礼関連では引き出物や（貸）衣装などが原価として取り扱われる場合もあります。これもホテルによってマチマチです。同様にホテル内の売店やお土産店の場合は仕入費用が原価となります。リピートしますが、売れた商品のみが売上原価と見なされて、売れていない商品は貸借対照表の棚卸資産となります。

なお、費用とは変動費と固定費から構成されますが、その固定費をこれから次項の売上総利益の中で詳説していきます。

1-9　売上総利益

売上高から売上原価を引けば売上総利益が出ます。5段階利益の最初の利益が売上総利益です。粗利益（アラリエキ）とも言われます。大きなくくりではGDPの国内総生産と同じ理論です。また、購買用度部門の仕入業務や棚卸、そして在庫管理などもこの売上総利益に深くかかわります。売上総利益が下がれば大問題です。それは、事業利益というものはここから始まるからです。売上総利益は人件費、業務費、販促費、管理費など販管費の支払いの源泉であり、利益創出の最大の「礎」だからです。ここで売上、原価、売上総利益の大事な重要指標を見てみましょう。

- **売上総利益＝売上高－売上原価**
- **売上原価率＝売上原価÷売上高（大きければ利益薄）**
- **前期売上原価率VS今期売上原価率（売上原価率の昨年対比）**
- **売上総利益率＝売上総利益÷売上高（大きければ利益率大）**

他産業と大きく違うところは「おいしい料理」の最大化と、その質的向上は大きな戦略的経営資源となりえ、それが売上総利益の最大化につながっていくことです。逆は、料理原価を抑える業務行為が裏目に出て「おいしくない料理」の提供となって最小化になることです。またこの業界の特殊性の一つで、社員によって商品や料理などの内容や品質に違いが出たりすることで、提供する価値が価格以上であったり価格以下であったりすることです。

また、ホテル客室内で過ごす空間や時間の中での居心地感や抽象的表現に代表される「おもてなし」感などに付加価値が創出される特殊性です。この時間や空間などを基本とするホテル商品の代表格は客室であり、その客室は売れ残ったからと言って在庫として倉庫に保管し、棚卸として計上することなどはできません。つまり手に取るホテル商品としての在庫にはなりえません。平たく言うと、「今日」稼働しなかった売れ残り空室は「明日」には売れません。在庫が利かないということは「その日、限り」です。ですから宿泊部門の客室というものは、前項でも言いましたが、基本的に直接原価がかからない最も利益率の良い商品を意味し、常に売上総利益の最大化を目指さなければならないのです。

もっと言うと、売れ残りという空室は機会損失を意味します。だからどこのホテルもこの客室の稼働率を最も気にするのです。後で出てきますが、客室の売れ残りは年間で相当額に上ります。安くても良いから売り切ろうとします。この廉価政策とホテルのグレードの維持とがぶつかります。いわゆる、両者の相剋状態です。経営姿勢をどこに持っていくかです。

勘定科目ではありませんが、付加価値という会計用語を確認しました。聞いたことはありますか。粗利益と同一視されますが、厳密には概念が違います。文字通り、企業努力によって味付けされたりサービスが付加されたりしたものが付加価値であり、そこから生まれたものが粗利益です。私は両者をほぼイコールと見ています。それは新しい価値の創造という付加価値であり、そこから粗利益という売上総利益がもたらされます。

ここで、労働分配率を見ていきます。この計算式は人件費を粗利で割れば算出され、社員への還元率を指します。ブラック企業というものが社会問題化していますが、企業の損益計算書を見れば、給料という給与や法定福利費や厚生費などの還元率がわかります。言い換えると、社員の給料の増額は粗利益次第ということになります。そして、労働分配率は人件費とのバランスが大切です。この労働分配率の目安は50％といわれますが、ビジネスモデルによってマチマチです。計算式は次の通りです。

労働分配率＝人件費÷売上総利益

もう一つ、労働生産性という指標があります。社員１人当たりどれだけの売上総利益を生み出したのかを見るものです。この労働分配率と労働生産性の２つを対比すれば、給与体系を見ながら労働生産性を上げて、なおかつ適正な社員への還元率も見ることができるというものです。また最近の傾向として人材投資が叫ばれていますが、並行して、１人当たりの売上総利益を上げなければ基本的に給与は上がらないものです。企業の成長という大きな原動力があってこその人への改革と投資、と切実に考えるものです。両者のバランスが問われるのですね。つまり、労働分配率が上がるということは会社にとっては利益薄となり、この逆は社員のモチベーションに影響が出ます。当たり前のことですが、解決策は売上総利益が下がらないことです。

この売上総利益は、次の項の固定費と変動費を上回らなければなりません。これは後述する損益分岐点に関連することです。変動費と固定費を総費用と称しますが、この総費用を売上総利益が上回らなければ赤字です。あとで損益分岐点の学習を始めますが、次の計算式で1円でも上回れば黒字です。売上から原価の変動費が引かれます。すると、それは前述通り粗利益です。そこから固定費と他の変動費が支払われて営業利益が出ます。さらに特別損益が増減されて経常利益が出ます。図表1「損益計算書‐1」を見れば一目瞭然ですね。

売上－売上原価(変動費)＝売上総利益－(固定費＋他の変動費)＝プラス

つまりこの計算式は、売上高の最大化と売上原価の最小化、並行して売上総利益の最大化につながり、さらに総費用の固定費と変動費を差し引いてプラスを計上することになります。

この項の最後は、ニュースになった大手外食企業のことです。7～8年前の経済ニュースで、その内容は原価が売上高を上回ったという「原価割れ」というものでした。原価を上回ればどうなるか、と記事は厳しく指摘していました。この記事を読んだ時はことの唐突制に「本当？」とびっくりしました。本当のはずがなく、原価割れで企業活動を行う会社は存在しません。

ここで言う売上原価とは主に食材飲料仕入で、その帰結は売上総利益です。そこから販管費の人件費、業務費、販売費、管理費などが引かれて営業利益になります。この辺の使われた関連勘定科目を調べた上の記事だったとは思えません。売上から原価を引けば残るは固定費と変動費です。記事は何を変動費と言い、何を固定費とは言及しておらず、原価と販管費の混同さえも考えられます。変動費や固定費などを理解した上の記事だったのでしょうか。たぶん「原価割れ」を理解されていなかったのでしょう。

私は現役の頃、銀行からの派遣社員から「この会社、早晩、潰《つぶ》れますね」と言われました。現実は潰れるどころか、コロナさえ乗り切り、その後も絶好調です。要するに、この銀行員は財務諸表の見方が浅いのかなと思いました。製造業と小売や外食産業、またホテル旅館などの原価の見方はそれぞれ違うものです。ただ財務会計や管理会計に則っているはずで、前述の記事には慎重さが求められます。企業が原価割れの経営を行うことなどはまずありえませんので。次項2の売上思考のところで再度触れます。

繰り返しになりますが、原価の定義をしっかりと学習しておかなければなりません。それは「売れた分だけが原価」だということです。つまり「これだけたくさんの食材や飲料が残っている」といった事態は原価の範疇《はんちゅう》ではなく棚卸資産です。棚卸資産までも原価に入れて売上と比較すれば原価割れになります。

ホテル旅館にとって売上原価率は大変重要な項目です。売れていない在庫はお金で買ったものですから、それは「お金」です。しかし原価に疎い人は損益計算書上で原価扱いされてしまうという錯覚が生じます。これを逆手に取れば、粉飾まがいのことにもなります。正しい売上原価というものを学習しておかなければなりません。

もっと言うと、この項の売上原価率で「棚卸」という用語が出てきました。次章の貸借対照表の中の学習項目ですが、例えばこの棚卸が間違っていてその修正を施すとなると、同表の中の利益を筆頭に多くの勘定科目を同時に修正しなければならない事態になります。

1-10 販管費

前項で売上原価と売上総利益を学習しました。それは売上高に準じて原価も必然的に発生する変動費のことでした。一方、固定費は売上に必ずしも比例しない一定の費用のことです。これを総費用と言い、その総費用の中のこの販管費も変動費と固定費に分かれます。

さらに詳説しますが、関連する契約業務内容が1年以上という期間の場合は、概ね固定費と見なされます。また人件費、賃料、公租公課、固定資産税、光熱費の基本料金、減価償却費の該当償却額や保険料も固定費となります。ただ光熱費の従量課金部分や電話代も固定料金と従量課金があるように、固定と変動とが重なっている場合もあります。

要するに、固定費とは売上の多寡とは関係なく定期的に出ていく諸経費のことで、固定費をゼロと仮定すれば、売上高から変動費を引けば利益が出て、これが限界利益のことです。逆に言うと、この限界利益がマイナスであればそのイベント企画や商品は販売停止とならざるをえません。前述の原価割れと思われた外食大手の話は、原価と変動費と固定費などの勘定科目の混同みたいなものなのでしょうか。

企業は売上利益の最大化に取り組み、変動費と固定費の最小化に取り組むわけです。それを次項の通りの勘定科目で順次詳細に見ていきます。ただこの固定費には諸説あり、そのことを初めに付記しておきます。

例えば、変動費と固定費は売上の源泉でもあるということを認識してください。特に固定費は社内では諸悪の根元扱いでも、売上はこの固定費の上に成り立っているものです。そして固定費にも特色があることを学習しなければなりません。それは売上に直に貢献してくれる固定費、企業努力によって最小化が可能な固定費、ただ単純に出ていく固定費、前述のように変動費の要素も含む固定費、また経費削減や費用対効果などと言われるも、具体的な取り組みも仕組みもない掛け声倒れのものもあります。そして対売上高営業利益率はどの企業も10％を目安に期待され、つまり裏を返せば、費用や経費は90％という事実になり、企業は変動費とともに固定費の実態に注視していかなければならないのです。企業は売上の90％が総費用として消える事実、返して、90％が売上の源泉であることも事実で、二律背反です。

なお、販管費という会計用語を使ってきましたが、通常は「販売費・一般管理費」と記載されます。本稿はあくまでも損益計算書の学習ですから、詳細に人件費、業務費、販売費、管理費と順次学習し、その最終合計が販売費・一般管理費合計となっています。巻末の図表1「損益計算書‐1」を参考にしてください。

1‐10‐1　人件費

販管費のトップは人件費です。昔の話ですが、ホテルの従業員数と客室数とは1対1の比例関係にあると諸先輩から教わりました。以来、業界の事業形態は大きく変わって、この比例関係は該当しなくなりました。そもそも、その説に初めから科学的根拠があったかどうかも定かではありません。

どこの業界でも、この人件費の管理こそが販管費の命題と言えるでしょう。その中で、まずは各種の人件費比率を見てみたいと思います。

売上高人件費率＝人件費÷売上高

売上利益人件費率＝人件費÷売上利益

営業利益人件費率＝人件費÷営業利益

売上高から見る人件費は、すべての社員数（社員＝正規＋非正規社員＋定期＋非定期社員）でどれほどの売上を上げたのか、そして詳細に変動費と固定費に分けて検証することも大事です。同時に、部門ごとの人件費率を見て社員の生産性や効率性、また帰属意識などを筆頭に部門分析も欠かせません。それは、部門ごとに全く違う職種を十把一絡げというわけにはいかないからです。

次に、先の労働分配率の視点から対売上利益人件費率を見ます。賃金の源泉はこの売上利益であることを決して忘れてはなりません。そして、本業の儲けの対営業利益人件費率を出して社員１人当たりの生産性を検証します。

この人件費はいつも企業の倒産に連鎖します。コロナ感染以来、人材マターは解雇と雇用問題が深刻さを増してきました。新聞紙上でも、飲食や宿泊産業の倒産が増加しているとも記しました。この中心に人件費が介在しています。「１‐９　売上総利益」のところで、適正な人件費の参考計算式は売上と売上利益と労働分配率から見ていくものと学習しました。それは、売上利益を向上させて賃金の原資を稼ぎ、労働分配率を適正な比率に落ち着かせることです。ただ適正値と言われる人件費や労働分配率などの指標は各ホテルによってマチマチです。準じて予算を策定してそれがどう推移したのかという目標値と推移値の両者に乖離が生じれば、詳細分析と過去3年対比もさらに重要となります。

この項で大事な、労働分配率とそして労働生産性を一緒に見てみます。

労働分配率＝人件費÷付加価値（売上利益）

労働生産性＝売上利益÷社員数（付加価値）

人件費は売上利益から支払われます。つまり、売上から変動費を引いた売上利益がまず潤沢であることです。しっかりと売上を上げ、しかも仕入原価の内の売れた分の売上原価という変動費が順当であることです。仕入原価は貸借対照表の世界です。売れていない仕入原価は在庫として棚卸資産に計上されます。この辺の理解を間違わないようにしなければなりません。同時に、１人当たりの生産性を見ることも重要です。人件費は多面的に分析するものです。

追記です。「第2章　貸借対照表」で皆さんは内部留保の学習をします。これは、内部留保が潤沢にあるので速やかに賃上げに回せという話などではありません。企業が創立以来、貯め込んでいるこの内部留保の利益剰余金と人件費との関わりの話で、それは今も増え続けており、新聞紙上ではその額は５５５兆円以上と記されていました。さらに令和6年（２０２４年）９月３日の読売には内部留保、初の６００兆円台を突破とありました。これは4月~6月の名目ＧＤＰに匹敵する規模で、経常利益は驚きの１０６兆円と過去最高額でした。その背景には価格転嫁と円安が背景にあるとも指摘されています。貯蓄型の日本企業の所以でしょうが、貯めに貯め込んだこの巨額数字にいささか驚きました。

言いたいことは、世のサラリーマンは長らく低昇給に甘んじていました。それは財務リテラシーに疎かったのか、日本は長期間にわたってのデフレで企業はコスト意識が強かったからなのか、人件費を筆頭に経費削減と利益確保が根づいていたという事実がありました（読売新聞令和5年12月4日参照）。それが今春闘の労使交渉では超潤沢な内部留保の積み上げで、企業側が賃上げに十分に呼応できるだけの企業体力があることの証となりました。

これは、過去において賃上げの重要性に気づきながら、重い腰を上げなかっただけという事実があり、ついに企業は成長性の牽引力である投資や賃上げに動き出し、実態は軒並みほぼの業界も満額回答というものでした。前述の労働分配率と労働生産性と、そしてこの内部留保の実態を鑑みながら、財務的に今期春闘から人件費に反映されるものと思料します。昨今の新聞紙上では「投資と賃上げ」の2つの文言が躍っています。サラリーマン社会はこれから違ってくるものと大いに期待しています。

私は「何はともあれ、やっとか」という思いで8月下旬の読売新聞朝刊に目を通しました。すると、「最低賃金51円増1055円」とありました。過去最高を更新したそうです。最高額は東京都の1163円で、最低額は秋田県とのこと。しかし「もう一歩の前進がなかった」という印象です。それはおそらく、可処分所得が増えなければ実感がないということでしょう。これから必要なのは賃上げの定着性です。一過性で終わってはならない賃上げの常態化です。それにはＩＴ化やデジタル化の省力体制が必須です。そして事業拡張と新ビジネスの開拓精神をもたらしてくれる賃上げ体質の定着に期待します。ただ老婆心ながら、賃上げには「出し渋り」が時として起こります。それはいつも会社の業績に比例しないことで、過去、業績が悪ければ雀の涙の賃上げとなり、良ければ出し渋りが起こることでした。かくして日本の社員の給料は五月雨《さみだれ》的な上がり方になりました。「なぜそうなるのか」の原因は社員の人たちの財務リテラシーの弱さにも一因があると思います。経営陣の人たちにも同様のことが言えそうです。

ここに、日本企業の賃上げの「体質」というものが根強くありました。

例えば、大手企業に追随してしまう横並び姿勢などの慣例です。ひどい話ですね、他社の業績に自社が追随評価されるのですから。いずれにしても、本年6年のベアは満額回答となりました。ただこれから中小企業がどう推移していくか、つまり、裾野の広い賃上げになっていくかどうかです。本年からこの日本の賃上げ環境が大きく改善されるかもしれませんね。それは社会環境の大きな変化だと思います。

この賃上げが進行していくにつれ、その原資を適切にして適正な価格転嫁が奨励されます。この背景にはコスト意識の企業体質が根強くあり、現在の物価上昇に賃金の上昇率が追いついているかという懸念があるのです。この懸念材料とは、２０２３年12月30日付の読売新聞が指摘していますが、原材料費やエネルギー価格の上昇分に比して人件費を含む労務費の転嫁の実態に懸念があることです。新聞紙上ではまた、仕入価格の高騰を販売価格に転嫁することにも触れています。いずれにしても、人件費の価格転嫁の促進という企業課題になっています。この意味は、価格転嫁率と賃上げ率が相関関係にあるということになるのでしょうか。

「一丁目一番地」という最優先課題は、経済でその目玉がデフレからの脱却ということです。日本の雇用の7割は中小企業です。このことを皆さんはご存じでしたか。この中小企業は公正取引委員会や独占禁止法と、さらに下請法などの適用で保護されています。つい最近も大手企業の違反行為が下請法に抵触しているということで厳正に対処されました（読売新聞3月14日参照)。

昨今、頻繁に賃金形態のことが紙上に登場しています。前述してきた賃上げと減税措置、物価高と賃上げ、人手不足と賃上げ、政府の補助金など、企業の経営基盤の強化という官民一体の施策が、賃上げの底上げに繋がることの制度です。それは遅きに失するとは言え、設備投資やM&A、そして賃上げという3本柱の新説で、読売新聞はこれを大きく指摘していました。賃上げと人件費は両輪です。そしていつの時代も主役はこの両輪です。この主役はこれからさらに注目を浴びていくことでしょうね。

私は一連のことを「賃金革命」の始まりと思っています。それが腰砕けにならないことを祈りますが。企業側の人件費増や倒産や廃業の懸念、また人の都市部への流出、そして経費の価格転嫁などにも言及しましたが、人件費は大局的に見ていかなければなりません。これからも注目していきたいと思います。

１‐10‐２　業務費

装置産業の宿命で、設備や装置関連そのものが商品です。そのため、維持保守費（損益計算書）と修繕引当金（貸借対照表）というメンテナンス関連は気が抜けません。商品を常に最適な状態に保つことにつながるからです。それを見る指標には次の２つがあります。

①　労働装備率＝固定資産÷社員数

② 維持保守費＝施設維持保守＋修繕引当＋有形固定資産÷月間稼働客数

労働装備率だけでは具体性に欠けます。ホテルでは同時に「② 維持保守費」を算出する計算式が使われます。この数値は施設維持保守のコスト、将来の予期せぬ設備関連の修繕引当金、さらに建物、機器、家具という本来の有形固定資産などを、月間稼働客数で割って1客当たりの施設維持費を算出します。決算書では「維持保守費」と明記されて、3年ごとの実績を検証しながら推移を見ていきます。

特に修繕引当金は、まず貸借対照表に計上させて、実際に使われれば損益計算書に反映されます。通常、この施設維持保守費が多額になります。「商品維持保守費」という名の勘定科目で処理するホテルもあります。特にリゾートホテルでは施設・設備の状態を厳しく検証します。リゾートホテルは、都市ホテルとは予算のあり方が違います。ビーチリゾートは自然災害に遭いやすく、海に囲まれているため塩害で建物の老朽化が速いためです。そのため、実際の維持保守費と、合理的な計算の上の引当金が必要です。

また、維持保守費は後述の原価経費管理委員会でも頻繁に議論される項目です。無駄の追及をする際に、よく「乾いたタオルから水気を出し切る」と言われます。実態は、よく予算オーバーが起こります。施設は商品ですから、予算編成時点からしっかりと議論を尽くさなければなりません。

維持保守費はビジネス直結の費用ですから、より慎重かつ大胆に「出を制す」努力が求められます。それは「売上－費用＝利益」の一翼を担う業務費です。この業務行為は利益と現預金の源泉でもあるのです。

また、業務費ではアウトソーシングに注目です。一部の作業を委託外注に委ねることは大切な業務行為ですが、同時に算盤を弾く必要があります。費用と効率の交換が起こるので、契約締結前の事前調査と検証が必要です。これが未熟だと締結後に問題が残り、当初の目的が達成されない事態にもなります。

ここに委託外注の７ヵ条を説明します。

①委託や外注を考慮すべき業務内容であるかの判断とその領域の検証。
②契約業務の明確化（ここがあいまいだと、契約当事者間に禍根を残します）。
③条項化された契約内容の外部への情報漏洩や不正利用の発生に留意。
④提携先の選択（信用調査での過去の実績評価と具体的評判が判断材料になります）。
⑤定期的な相互会議の実施（提携先とのコミュニケーション不足は業務内容に不審をきたします）。
⑥提携先が、該当する法令や規制に長けていることの確認。
⑦契約期間と解約条項（ここが最も重要です）。

以上となります。

昨今は、内製化への転換とその可視化も奨励されています。委託外注ではなくて自社の事業に取り込むということです。内製化によって事業化への再構築を促すことで違った形の売上創出をも考えるわけですが、この根底に「デジタル化」があることは明白です。実際、多くの企業はすでにこのデジタル化を加速させています。一方、全く逆の経営現象として、更なる委託外注への傾注があります。全く方向性の違うこの二つが経営課題に上り、あくまでも冷静に状況を検証しながら委託外注と自社化の識別で両方を追求していくという構えです。

業務費の中の消耗品費は変動費の部類です。といってもそれは小事ではありません。例えば宿泊部のアメニティーグッズ（AG/Amenity Goods）は、1室当たりAGを稼働人数で掛けてさらに稼働日数で算出することで年間費用が出ます。これは決して小事な経費ではなく、料飲部や宴集会部門の紙ナプキンなども日常的な消耗品費です。すべての部門で「赤を出さない経営」を目指すものです。部門ごとに赤が出なければ、会社は黒字経営になりますよね。全社員が経営者的意識を持つ意味です。この消耗品費でさえ、会社の黒字経営に一翼を担うことになるのです。

業務費比率＝業務費÷売上高

業務費については特に施設関連マターに注視です。装置産業は装置それ自体が商品ですから。前述しましたが、この装置に欠陥が生じないように維持保守作業が当然行われます。そのために修繕などの引当金も計上されます。経営陣はこのようなことに理解を示して、維持保守という縁の下の力持ちへの支援を怠ってはなりません。そして施設課は定期的に総支配人と接見しなければなりません。施設はホテルの商品の根幹をなすものと総支配人は弁《わきま》えているのですから。とはいえ、ホテルの総支配人と施設社員との接見数は、宿泊部や料飲部門と比較して最も少ないと言われます。総支配人がホテルの専門的な施設の知識に疎いとしても、施設部門の担当者に対して「聞く耳」をしっかりと持たなければなりません。

人件費の給料手当に次いで、業務費の維持保守関連費用は上位に位置づけられます。くどいようですが、施設関連は商品そのものですからその維持保守には手を抜けません。手を抜けば欠陥商品となってしまいます。なお１‐10の販管費のところでも触れましたが、業務費には多くの変動費が含まれるので、固定費とともに理解学習しておかなければなりません。損益分岐点のところでもまた学習することになります。

１‐10‐３　販売費

次は販売費ですが、特に宿泊部門ではＯＴＡ（On line travel agent）をはじめ、第三者を介しての販売実績が大きな比重を占めて飛躍的に伸びるようになりました。それは送客手数料を見れば一目瞭然です。ここにも大きな課題があって、それは自社経由と第三者経由があり、その効率的販売が実施されているかが問われます。

第三者を介する場合は契約書や覚書を締結します。基本、契約書は契約期間とか一定の期限条項、そして解約条項と3つの要素などが重要です。契約期間と契約期限は「どうして、期限が向こう5年」と言いたくなるほどの長期の契約書をたびたび見かけます。契約書の期限は短ければ短いほど良く、もし本当に5年の契約内容であれば5年間は手をつけられないということです。つまり変更が利きません。特に契約が締結時点で不利な条件であればなおさらで、契約終了まで待つことになります。

契約とはコミットのことで、履行義務があります。会社を代表していったい何を履行しようとしているのかと、締結に及び、しっかりと内容を詳しく検証する必要があります。さらに重要なことは解約条項です。終了するための条件に制約や足かせがあればペナルティーが科せられたりし、主張通りの終了に持っていけないことすら起こります。これは販売契約の中で最も注意を要します。

契約締結関連で、ある航空会社の例を見てみます。契約不履行が原因で多額のペナルティーが科せられて、会社は結果、倒産しました。当時、この件は新聞紙上で大きく報道され、私は外国の航空会社にも在籍した経験がありましたので興味津々で記事を読みました。航空会社による飛行機の投資は莫大です。経営者判断を見誤ると、投資そのものが莫大ですから、契約締結前に契約内容をきちっと検証して遵守しなければなりません。さもなければ、前述のように一方による解約条項やペナルティー条項で不履行が生じて一気に破綻してしまうのです。

次に勘案することは、昨今の販売業務のあり方や戦略的思考が大きく変容してきていることの認識と、その具体的対応策の必要性のことです。例えば「ＩＴ・サイト関連専門社員」の雇用は今や必須です。効率性の追求で部屋の出し入れは格闘技さながらで、空室は「在庫」が利かないのですから。また、地方の営業所をバーチャルなどで対応している現実も見えてきました。サイト専担（専門担当）採用は人件費を圧縮してくれ、仕事の能率と効率性を高めてくれ、特に宿泊部においては威力を発揮してくれるものです。言うまでもなく、販管費の中のこの販売費の多くはＩＴに助けられます。

この関連専門社員とは「プロ」のことですが、経験則でプロの養成は引き抜きと育成があります。引き抜きは同様に引き抜かれます。育成には時間がかかりますが、自社のあらゆることを弁えた上で大局的にして細部にわたってＩＴの威力を遺憾なく発揮する形となります。

販売費率＝販売費÷売上高

先述の業務費も販売費も売上促進の源泉であることを深く認識しなければなりません。気をつけることは、無駄を見極めることとその排除です。そして販売促進業務の省力化です。これは効率販売と生産性のことで、この両者の追求を意味します。自社運営の営業所が生産的効果を発揮しているかどうかです。経費の側面、売上販売の側面、そして運営の面などで独立採算が成り立っているかどうかです。

広告宣伝費も大きな比重を占めます。間接的広告宣伝費はイメージが主体となるのでその期限を設けることや、館内広告の場所は常にその設置場所を変えたりしながらメリハリを考えることです。この間接的広告宣伝費は常に経費削減策の矢面に立たされます。これは費用対効果のこの「効果」があいまいなために判断がつきづらく、よって常に営業利益と対比させて、かつ過去3年の推移を慎重に見極めることが賢明です。一方、直接的広告宣伝費は価格なども明記されるので効果が見えて費用対効果が可視化されます。広告宣伝費の在り方自体もデジタルの台頭で正しくＩＴ・サイト専担社員の職務と権限範囲が広がります。「効果大／費用薄」はデジタル化の双肩にかかっています。

加えて、定期的な「紙」による広告宣伝物は消費者やお客様をして次紙を待ち望む内容に仕上げることが大切です。それはホテルとお客様との間接的な会話となりえますし、サイト情報同様に効果的です。この種の広告物は料飲関連が多いのですが、それに必ず宿泊関連も掲載することです。宿泊も地元のマーケットの対象となっていきますから。それに今やホテルは日常的に使われる施設で、当然客室関連も含まれていきます。この時代、広告宣伝物はサイトのみという考えには同意できかねます。紙とサイトの両方の特質を生かすことです。理由は簡単です。サイトは一瞬にして、しかしポケットに収めることはできません。紙はポケットに収めて再度読むことができます。

1-10-4　管理費

この管理費はいろいろなことを教えてくれます。全社を挙げて経費削減に取り組む時にまず真っ先に着手されるのが、この管理費です。実質的な売上の多寡には関係しない管理費は「いの一番」に削減の対象になります。そういう中で特にコロナ禍は一種の「現状の打破」と言える勤務形態の見直しを教示してくれました。それは「うねり」のように従来の非生産部門の在り方と組織全体の体質改善を迫りました。また、管理部門は売上の多寡に直接関係がないのなら、間接的に売上に係わるチャンスがあるはずと考えられもしました。

ホテル旅館の在り方が変わってきていました。コロナの前、「出社」は必須でした。今は「在宅」です。「副業」も奨励される環境になりました。まずは固定観念から抜け出し、管理部門は「販売管理部門」と称するくらいに売上の多寡に関与してくることの研究が奨励されます。もちろん、同時に管理費の経費削減も続けられることです。コロナの前は考えることすらなく、今は大きなビジネスチャンス到来になっているのです。一例ですが、埼玉県のある市の大手ハンバーガー店の店長に後輩がいますが、「コロナの前はテイクアウトなんか考えられなかった、今では店内売上に拮抗している」と。テイクアウトで売上が激増しているのです。苦肉の策とはいえ、ホームラン級のヒットらしいです。

また、減価償却費という勘定科目に触れます。聞いたことがあるでしょう。ありがたい経費の支払い方法です。多額にして長期にわたり使用する資産の購入のことです。例えば料理部門に冷凍冷蔵庫や施設関連の設備機械などの購入とか、あるいは高額な什器備品などの購入時にその全額を一括計上するのではなく、法律に定められた耐用年数に準じる形で毎年分割計上していくことで、これが減価償却費です。

例えば資産価値が1億円の設備で10年の利用年数の場合は、毎年1000万円を損益計算書に計上していくわけです。なお、土地は対象外で1年以内の流動資産も対象外です。計算方法は定額法と定率法があります。法定耐用年数よりも短期で償却されるような場合でも法律の期間が適用されます。自社の損益計算書を見てください。1000万円の費用が減価償却費に計上されていますね、しかし同額のキャッシュアウトはありません。購入時のその1億円は第3章のキャッシュフロー計算書の投資キャッシュフローに計上されます。このことは改めてキャッシュフロー計算書で詳細に学習します。

運営指導料関連で運営指導料という項目を見かけます。これはホテルの運営をほかのホテル運営会社（ブランド力や組織力のある）に委託する運営指導契約のことで、いろいろな事業形態の中で最も古典的な契約形態の一つです。この種の指導料は安価ではなく、反面、運営を受託する側の金銭的な運営実績の責務債務などはほとんどありません。そして受託側から総支配人が着任しますが、それ自体が運営経営だと主張されて、肝心の実績などの営業利益は当初予算の未達などと、委託側が懐疑的になってトラブルになるケースが過去から多々ありました。

運営形態にもよりますが、前述通り、この運営指導料という経費の類が納得理解しての

「出」であれば、それは経営運営の了解内ということでしょう。今はフランチャイズとか各種いろいろな契約が見られますが「契約リテラシー」の欠如などと指摘されないようにしなければなりません。多額の出費ですから。契約関連では、片務契約のように一方だけが債務を負うという形は避け、双務契約という双方が債務を負う形の契約に持っていくことです。

とにかく、相互享受が基本です。昨年のコロナ明けの時でしたが、ある大手ホテルチェーンの代表が「我が社はこれからホテルという資産は持たない経営運営のみでチェーン展開を行う」と自負されて、関係各位が壇上で挨拶されておられました。この光景を見ながら違和感を覚えました。この事業形態は別に新しい構造ではなくて40〜50年前からありました。いわゆる、不動産を所有せずに経営のみで稼ぐ形態で、そこにニュースとしての何かビジネス的に新しく学習するものがあるのかと思ってしまいます。運営を依頼するにしても受託側の何らかのコミットメントがなくてはならないものです。

また、ホテル旅館業界で最も頭に入れておくべきは修繕引当金と修繕積立金です。これは貸借対照表に関連することですが、装置産業の宿命で修繕引当金は過去の事例を鑑みながら、施設設備などの「今ある実態」を見るものです。つまり商品の老朽化です。もしも老朽化が進行形であればことは深刻です。

施設課の部門長は大変な重責を担いながら日常の仕事に勤しんでいるわけですが、同課は修繕や老朽化に対峙《たいじ》しながら、売上を上げる部ではなくてまずは常に売上が下がらないことに貢献する大切な部署です。売上が下がらないという意味で、施設課は立派にこの課題に対峙しているのです。施設設備の状態を日頃から見抜く定期的な点検業務が施設課で実施され、かつ気候天候と自然災害にも対応します。

経験則ですが、私は２０１１年の東日本大震災の時に、ある都市の施設総合完備型都市ホテルの総支配人の職に着任し、施設課の部門長や幹部社員に売上日報と月報を手渡したことがあります。怪訝な顔の施設部長に「売上を上げようとは言わないが、下がらないように極力協力願いたい」、さらに「クレーム日報」にも言及しながら「施設マターが真因のクレームには可及的速やかに対応するとともに総支配人室に報告」の旨を告げました。施設や装置関連は接客では対応できず、売上が下がらないことと施設改善策は両輪の業務として指示したものです。

管理費比率＝管理費÷売上高

１－11　販管費率

ここまで人件費、業務費、販売費、管理費などの主要な経費を見てきました。そして各経費を売上高と対比しながら見てきました。例えば人件費であれば、「**人件費比率＝人件費合計（法定福利費や厚生費なども含む）÷売上高**」という計算式でしたね。最後は全体の経費の販管費比率を次のように出します。

販管費比率＝販管費合計÷売上高　（販売費・一般管理費のこと）

販管費比率は売上総利益とともに本業の儲けの営業利益を左右する重要指標です。売上から原価・販管費を引いて残ったものが利益です。ひたすら企業はこのことのために努力奮励するのです。

並行して、年次比較と予実・比較が大切です。年次比較は販管費の増減の推移を見ていくことで、直近３カ年の経費を見ます。そして大切なことですが、それらをただトレンドという傾向と「流れ」だけで見るのではなく、「経営目線を意識しながら」見ることです。つまり販管費を「売上は最大に、費用経費は最小に」、これを実践することこそが経営目線を意識する経営で、たびたび「出を制す」という重要な経費関連の言葉が本章では出てきますが、各部各課がベクトルを共有して黒字化を成就すれば会社は必然的に黒字経営になります。再三このことに言及しますが、各部各課は予算を達成しなければなりません。そのことの達成は売上とこの販管費が担っているのです。

この項の販管費は「経営目線を意識しながら」と学習しました。それは「出を制す」と反復していますが、経費は単に出ていくものではなく、問題課題意識の欠如こそが見えない無駄の根源となり、このことこそが経営目線であるのです。

そして固定費は出るものという固定観念があるために費用が減らないのです。後述の原価経費管理委員会のところでさらに説明していきますが、固定観念があるから固定費を裏返して詳細に見ようとしないのです。なお、この販管費の売上高販管費比率ですが、これは地代家賃や経営運営委託、業務委託、外注人件費、施設維持保守などのアウトソーシング（委託契約）や運営スタイルなどで、この標準値などは経営運営形態で変わってきます。リピートしますが、売ることの重要性と、出を制することの重要性というこの2つのテーマこそが、経営目線で見る損益計算書の使命というものです。

1-11-1　コストリダクション

販管費関連ではコストリダクションを意識しなければなりません。意識しなければリダクションに繋がりません。このコストリダクションと同時に、コストコントロールコミティーについても説明します。似て非なるこの両者には少なからず違いがあります。

まず前者は、企画段階からコストパフォーマンスに取り組むことで、この項の冒頭、利は企画にありと言及しましたが、いわゆる、企画の段階から原価経費の削減努力が反映されていくものです。よく稟議《りんぎ》書などで比較的目安の見積もりが上程される場合がありますが、

①日頃のおつき合いなどは関係なく、しっかりと相見積もりを取ること。

②リダクションの内容が具体的に年次比較で見て取れること。

この2つを念頭に置くことがコストリダクションの真髄です。とはいえ、コストというものは知らぬ間に、必然的にと錯覚してしまうほどに上がるものです。逆に不思議なのですが、こ

れが下がりはしないのです。それはゴーイングコンサーン（going concern）といってまさしく会社が生きている証なのです。

１-11-２　原価経費管理委員会

コストコントロールコミティー（Cost Control Committee）は、今の今、「販管費の推移」を検証することの意味です。これは日本語で「原価経費管理委員会」と言われ、私はこれを多くのセミナーで提唱してきました。なお、巻末の図表5は、この委員会で使用する表です。参考として見てみてください。

私のことに触れますが、トロントのホテルに私費留学していた時のこと、同委員会設置の発案を提唱したことが発端でした。それは誰もが既知している削減努力のことでしたが、それを社内の委員会として正式に立ち上げ、結果、原価経費の削減数字が飛躍的に伸びて多大な評価を受けるに至ったことでした。それまでは経費や原価というものは知らぬ間に出ていくと考えており、問題意識が希薄でした。同ホテルにおいて「経費は見直すもの」とか「契約内容を見直す」とか「経費は上限を定める」とか「固定費の変動化」とか「光熱費は節減対象にする」とか、そして極めつけは先述の「固定費は固定観念がなせるもの」と、いろいろな提案を提唱しました。それが総支配人の知るところとなりました。いずれにしても、経費は削減意識の概念の希薄性が問題と言えます。なお、この原価経費管理委員会は基本的に次の３つの柱が極めて重要です。

①費用は必然的でなく、制度でもない。コントロールするもの。
②本業の儲けの源泉は売上努力と費用削減努力しかない。
③固定費とは固定観念である。

これら3つのことは、非常に大事な経費に対する姿勢で恒久的に遵守されなければなりません。何度も指摘しますが、会社の儲けとか費用経費削減などは損益計算書上でしか努力追求ができません。ほかに術はないのです。言い換えますと、売上と原価と経費は皆さんの努力値です。

この項の最後に大切なことに言及します。それは、この販管費はいつも「悪者」ですが、しかし販管費は売上の源泉であることを忘れてはいけません。どういうことかと言うと、販管費を利活用しながら企業は日夜経営努力を行って売上を作っているのです。逆説的ですが、売上は販管費の使い方にかかっているのです。この事実をしっかりと頭にたたき込み、販管費に振り回されずに、賢く付き合っていくことです。

1-12　営業利益

損益計算書の上から順に売上高、原価、売上総利益、販管費と学習してきました。そして営業利益の勘定科目に辿《たど》り着きました。この営業利益は本業の儲けで経営の実力を見るものです。皆さんが日常頻繁に口にされるＧＯＰのことです。そして経営陣が最も気にする大事な指標が売上高営業利益率です。この営業利益率の業界標準値などはそれぞれのホテル旅館の事業環境や運営形態で違うので一言では難しいですが、やはり対売上高10％は目指すべきでしょう。そして自ずとまず真っ先に購買用度の仕入環境の取引の実態を検証し、前述の原価率の推移を深く検証認識することです。

さらに、現在問題視されている社内食品ロス対策で全社的に取り組んでいるか否かも多大に原価に影響します。また、販管費関連では人件費を固定費だからと解釈して「出を制す」見直し業務を怠ってはならないことです。維持保守費などの固定費も1年以上の契約だからと見直し業務が停止してはいないかに注視です。つまり、先述のコミテッドコストなど過去からの経営管理上の経費が放置されていないかどうかです。

宿泊関連変動費では、送客手数料の契約書内容の見直しが経費削減重要マターになっているかも重要事項です。さらに、大事な社内「原価経費管理委員会」が設置されていて、費用経費の実態に社員全員が大いなる関心事として持続的に積極対応しているかどうかです。同管理委員会は「節約しろ」という科学的根拠が全くない節約主義ではなく、根拠があってなおかつ売上が維持されて利益幅に通じることなのです。これらの運営業務姿勢が企業経営の根幹にかかわってきて、それが売上高営業利益率に大きくかかわってくることになります。計算式は次の通りです。

売上高営業利益率＝営業利益÷売上高

そして過去3年に遡って検証することです。つまりマイナスの理由とプラスの理由を詳細に検討し、それを外部要因と内部要因に分けて分析します。まず外部要因に起因する場合は3年推移と5年推移で見ることです。そこから見える「景色」が3年と5年では違って見える場合が多々あります。加えて、競合調査などでは例えば地味ですが他ホテルの「看板調査」を実施する覆面調査、顧客からの競合関連情報、マーケティング活動からの情報収集、また上場企業であれば決算短信などから閲覧調査も可能です。そして、施設や設備という基本商品に違いがあるのか、また価格にあるのかなど、「なぜ、当ホテルでないのか」をあらゆる角度から分析します。たとえそれが他者に負けても卑下する必要はありません。他者を見て自らを反面教師として客観的に見る絶好のチャンスです。競合素材の分析に拘泥しなければならないことです。要は、相手としている真のことは「営業利益」という重大な重要勘定科目ですから。

昨今、所有と経営の分離が盛んに見られ、また経営形態が多様化してきていますが、所有側や株主は経営陣にこの本業の儲けと、後述するＲＯＥ／ＲＯＡの最大化をも当然迫ってきます。代表取締役や総支配人を筆頭に、ホテル旅館経営陣はこの営業利益に一喜一憂します。実働部隊の宿泊、料飲、宴集会・婚礼などの販売促進部門を先頭に、さらには人件費を管理する管理部門と業務部門などほとんどすべての部門がこの営業利益（率）の結果に集中します。

繰り返しますが、この営業利益は売上総利益の最大化と販管費の最小化の帰結です。そしてその当事者は経営陣ではなく、各部門に配置されている全社員です。言うまでもなく、この各部門が対予算でプラスとなれば会社は黒字です。もっと言えば、全社員が経営陣なのです。経営者意識を持ってください。

損益計算書は構成が学習しやすくて簡潔ですね。ただ中身はしっかりと濃厚ですね。次の経常利益に進む前に私の好きな諺を紹介します。それは「天佑は常に道を正して待つべし」というものです。

この言葉とは30年以上のつきあいです。これは『ホテル旅館の販売促進』（柴田書店）の著者の城堅人氏から学んだ諺です。もともとは花王石鹸の創業者の言葉だったらしいですが、私はこれを自分流に解釈して、研修の場でも頻繁に使いました。

正しくそれは「言い得て妙」で、総売上高の重要さと原価と経費に傾注して本業の儲けを稼ぎ出すという営業利益に集約される商道です。しかし、正しいと信じる商道を探求し続けながら、実は気がつけば「間違った商道」であったという話をよく耳にしますが、商いは常に正しいことを行わなければなりません。けれども経営には、時として、粉飾、不正、収賄、そして驕りという過剰投資などが起こります。商道には道義があり、それは天祐に通じます。

営業利益は最も大事な指標です。営業損失になってしまった場合は速やかにその原因追及に奔走しなければなりません。しかもアバウトな原因追及はその後の対策が徒労に終わってしまうことが多々あります。重箱の隅をつつくぐらいの検証作業がちょうど良いのです。この営業損失が続くととても「やばい」事態になっていきます。経験則ですが、最大の原因が固定費の膨らみだったという事態がありましたが、その直接的原因が先述のコミテッドコストにあったことがわかりました。その関連部門長は「従来からのコストだから」として片づけていました。これは間違った経営思考です。営業損失が仮に当期純損失になった場合、1期だけだったらまだしも先人からの貸借対照表の利益剰余金の足を引っ張るような事態になれば大ごとです。

またM&A（Mergers & Acquisitions／企業の合併・買収）など企業の合併や買収時の「ホテルの値段」さえも、この営業利益が参考分析数字の一つになります。なお、この営業利益は売上高と売上総利益の最大化と、そして前述の販管費の「出を制す」企業努力で数字は大きく違ってきます。このことを肝に銘じておかなければなりません。

営業利益率を見るためにもう一つの重要関連指標があります。それは、前述した付加価値です。「付加価値＝売上総利益」なのですが、両者は微妙に内包する概念が違うと言われます。ホテル業界は売上から売上原価を引いたものが売上総利益ですから、単純にこの付加価値は売上総利益とイコールであるとの認識です。

付加価値＝売上総利益＝売上高－売上原価

一概に「営業利益率の標準は何％くらい」と明言することは難しく、それは事業形態や運営形態などで異なってくるし、企業方針でも違ってくることには言及しました。しかし、売上総利益率で営業利益を見る判断は一考に値します。この2つの指標は、①対売上高で見る営業利益、②対売上総利益で見る営業利益です。①はホテル旅館の場合は常時10％を狙う予算編成であると示唆しました。そして後者の②は20％達成と私は考えます。その鍵となるのは売上の多寡に連動する売上原価と売上総利益率ですから。原価と総利益は可視化されて努力の結果が見て取れます。つまり、②の方がより客観的にして収益性向を肌で感じることができます。売上総利益は販管費に全責任を負うものです。そういう意味でこの20％に近い数値は達成したいものですね。

1-13　経常利益

営業利益の下段に、本業以外の収益や費用などが加減されて経常利益が算出されます。これは企業のビジネスの総合的業績評価のことです。計算式は、

経常利益＝営業利益＋(営業外収益－営業外費用)

つまり、営業活動と営業活動以外を合わせた実質の企業活動です。営業外収益には受取利息や所有している株式の配当金、また為替差益や雑収入などがあります。営業外費用には金融機関などへの対有利子負債の支払利息や為替差損、そして雑損失などが計上されます。

ここで為替の話が出てきたので、私の経験則をお話しします。それは、海外事業で為替に泣

かされたことです。当時の会社がマレーシアやシンガポールにホテルの開発で進出していた時でした。大きな為替の差損が出ていました。円建ての有利子負債で円高、そしてマレーシア・リンギットという現地通貨の取引でリンギット安の差損でした。内容的には、まず円借款でホテルを建設し、その返済原資がホテルからの売上収益、つまり現地通貨のマレーシア・リンギット、これが対円でリンギット安、これではダブルパンチです。

海外進出には事前の綿密な市場調査と詳細分析が不可欠ですが、特に為替の知識は必須のことと思います。さらに現地事業環境です。東南アジアには素晴らしいビーチが存在し、素晴らしいホテルが林立しています。ところが現実はモンスーンという秋から翌年の晩冬まで季節風が吹き荒れて、ビーチはほとんど遊泳ができない状況となります。端的に言うと、このモンスーンのために年の半分は日本海の高波のようになって、ビーチのないビーチホテルとなってしまいます。このような状況を軽々に見てしまった投資家は「ほぞをかむ」ことになるのです。

前述の売上高営業利益率同様、企業の成長性を見るために経常損益の推移を検証することも合わせて大事です。それは売上高経常利益率、そして経常利益伸長率で見ます。それらの計算式は、

経常利益伸長率＝（今期経常利益－前期経常利益）÷前期経常利益

売上高経常利益率＝経常利益÷売上高

言い方を少し変えますが、経常利益とは本業の儲け（営業利益）と本業以外の財務活動など

いろいろの諸活動からの儲けを併せた、企業の本当の実力値といわれる利益のことです。企業全体の強さの意味でもあります。営業利益に一喜一憂し、経常利益にも一喜一憂するのが経営者です。

企業の実質的利益＝本業の儲けの営業損益＋総合的事業活動の経常損益

１-14　特別損益

一過性の特別利益と特別損失を見なければなりません。つまり、経常利益にこの特別損益を加減算することです。例えば、コロナ禍で会社が早期退職やリストラを敢行した時の割増退職金、あるいはリゾートホテルや旅館などでみられる水害・洪水や暴風や台風などの自然災害による特別な損失のことです。また株売却による売却損や逆に不動産売却の売却益や前期損益修正益など、要は毎年経常的に発生するものではない一過性の利益や損失のことです。

覚えていますか。確か８～９年くらい前のことでしたが、食材偽装問題が関西のホテルで発覚した事件が社会問題化しました。この事件はホテルだけでなく、レストラン業界、百貨店、さらには物販業界にも拡大しました。当時多くのホテルが特損計上を余儀なくされたと側聞しました。誤表示で偽装ではないとホテル側は反論しましたが、社員が偽装と認識していたと認めました。このような非日常的とはいえ、一過性の特別利益や特別損失はよく起こり、特別な収益と費用の調整がなされます。特損、と言われたりしますが、これらは前述の販管費の類ではありません。

また、ここで減損処理というものも学習しておきたいと思います。これは減損損失という勘定科目を目にすることがありますが、先述の通りに一過性の損失などのことです。例えば資産の価値の目減り分を下げることの意味ですが、ある老舗の都市ホテルのことが新聞記事になったことがありました。その内容は確か17年年末頃だったと記憶にありますが、このホテルの耐震補強工事の必要性が経営課題化して同時にその採算性が論じられ、結果、5億円以上の減損損失の計上を余儀なくされて営業を停止したという類のものでした。同様にあるリゾートホテルの資産内容が見直されて数十億の減損処理を強いられたという記事もありました。営業を続けても黒字にはならないなどの判断でこのような減損処理がなされます。新聞で似たような減損処理関連の記事をよく見かけますが、貸借対照表でこのような目減り分を減損処理し、損益計算書の特別損失に計上します。

これらの特別損失や特別利益を加減したものが税金等調整前当期純利益となり、企業の最終目標の当期純利益が求められることになります。

1-15 当期純利益

社会的コストです。つまり、税金を負担しなければなりません。繰り返すと、損益計算書の売上高から売上原価と販管費を差し引いて営業利益を出し、さらに経常利益を出してそこから営業外損益と特別損益を反映させれば、この当期純利益が算出されて税負担となります。そして前述通り、ここで貸借対照表と繋がることになりますが、貸借対照表の中の利益剰余金に積み上げられて純資産が分厚くなっていきます。当期純利益こそが株主／投資家に配当を支払う財源になるということです。つまり投資家が最も重視する最終の純利益です。それは後述する株主資本のことで、ＲＯＥに深く関係する重要指標です。

この当期純利益は企業にとって、１年の「経営実力値」と言えるものです。端的に言うと、この当期純利益が「黒」になると会社の純資産が増えたことになります。逆に「赤」になると純資産が減ったことになります。つまるところ損益計算書とは「売上－費用＝利益」の構成ですから、純資産の増減を表しているのです。貸借対照表のところで再説しますが、見ておかなければならない指標は次の指標です。

売上高純利益率＝当期純利益÷売上高

業界平均値はホテルの置かれている状況などで一概には言えませんが、当期純損失には決してならないことです。なれば、売上が減ったか、費用が増えたかのいずれかです。そして利益が出なかった場合は、結果、資産を食い潰す格好になります。この状態が数期に及ぶと債務超過の状態にもなります。利益が出ない企業にとっては「儲かっていない部門」が「儲けている部門」の足を引っ張っている理屈になります。この項の最後に付け加えておきたいことは、非営業部門も営業部門もともに公平に経費費用関連が配賦されて、全部門が黒字になれば会社は赤にはなりません。セクショナリズムを推奨するものではありませんが、各部門が公平な土壌で切磋琢磨し合いながら課せられた業務責任を全うしていく経営者感覚と自覚が、損益計算書の最後の勘定科目の当期純利益を黒字化ならしめるのです。

1‐16 ユニフォームシステム（略称、US）

表題の米国式の損益計算書のUSをここで追記します。気にかかることは、日本におけるその普及度でしょう。国際的なブランドホテルではグローバルスタンダードに沿ったUSが導入されています。国内の大手ホテルチェーンも国際基準に則ったUSが採用され出しているものと思います。

私は日本の約17のホテルを所有または運営していた著名なホテルチェーンに在職しましたが、USではありませんでした。いくつかのホテルも取材しましたが、従来の損益計算書でした。日本における普及度は限定的なのでしょうか。つまり、基本は社内においては管理会計ですから、事業環境に沿ってカスタマイズすれば良いことです。「部門別損益計算書」を巻末に図表4として添付しましたので、両者を比較されて今後の参考としてください。

なお、日本には3つの会計基準があり、それらは、日本会計基準、国際会計基準、米国会計基準で、これらは基本、同じと見なされています。USの基本構造は営業部門と非営業部門に2別され、両部門に部門長が着任します。部門長には業務遂行責任があり、それらは売上と原価と経費とそして利益です。総支配人はすべての部門の運営経営の最適化と総合的な責任を持ちます。どういう会計基準であれ、業務責任と職務権限、また役職なども、複式簿記である限り、日本の決算書が読めれば問題はないということです。ただし、USにおける経費の配賦の役割と重要性には注意を払わなければなりませんが、これとて、どの会計基準を使うにしても重要度は同じで企業側でカスタマイズしてうまく利活用すれば良いと思います。

USの強調点は、部門ごとの評価、責任の明確化、そして経営資源の効率化と生産性と、各部門の経営パフォーマンスがより可視化されるということです。

1-17　SWOTとPDCA

SWOTはむしろマーケティング関連用語と言えます。皆さんも市場分析の手法として使われたことがあると思います。PDCAも同じ理論です。私は経営手法としてこのPDCAを頻繁に用いました。それはPlan／計画、Do／実行、Check／評価、そしてAction／改善のことです。このＰＤＣＡサイクルを「損益計算書を熟考する世界」として結論を急がずに何度も繰り返しながら、ベストの回答を引き出すために活用しました。特に「Ａ」は、経験則ですが、重要視するものです。仕入原価と棚卸関連報告書への指示、閑散時の新商品の紹介、厨房世界に初の女性登用課題、対外注契約から内製化への方向転換、宴会関連の収益構造の見直し等々、切りがないほどに「Ａ」の改善策のリピートでした。計画から実行にいくのも、評価に納得がいかずに計画の改善に何度も戻りました。それはＰＤＣＡを意識することのなせる業でした。

　ＳＷＯＴは特にホテル開業関連で市場調査に威力を発揮してくれました。これはモルディブ共和国でのホテル開発でしたが、強みと弱みと、そしてもたらされるチャンスに競合の実態と、ＳＷＯＴは関連するところの辞書的存在でした。ＰＤＣＡとＳＷＯＴは心強い味方として常に念頭において経営に従事しました。

　損益計算書とは収益指標のことです。そして企業はこの損益計算書以外からは稼ぐ術を持ちません。収益性という損益計算書とは、言うなれば、安全性という貸借対照表や、現金預金というキャッシュフロー計算書の源泉です。その源泉の売上高というものをさらに深く学習していきます。長くなるので２つに大きく分けて、１つ目は「売上思考」、そして２つ目は「売上関連　ＫＰＩ」と題します。

２　損益計算書－売上思考

２‐１　売上思考とは

思考とは「思いめぐらす」ことです。この項ではいろいろと売上のことを考えてみたいと思います。気をつけて損益計算書関連の書籍を見るのですが、一部の専門書を除いて、不思議と言わざるをえないほどに売上高の説明はサラッと流れるように通り過ぎてしまう感がします。損益計算書の関連勘定科目は詳細な説明が施されますが、売上高はまことにシンプルで、それはいささか「あっさり」と思うほどに終わってしまいます。

売上高は企業にとってはすべての基本であって、例えば利益同様に借入金の支払いの原資でさえあるのです。そして後述しますが、広義で社会の中では売上は存在そのものです。プレゼンスとも良く言われます。また売上よりも利益が大事と言われたりします。両者を比較する理由はありません。比較する土壌が違うし視点観点も違い、また売上ばかり追い求めると原価経費がさらに増えると警鐘される書物も見受けます。事実ですが、両者は概念も本質も違います。繰り返しになりますが、売上最大化、原価経費最小化、そして帰結として利益の最大化となり、売上、原価、経費、利益は同舟なのです。そしてこの損益計算書以外に売上という収益を稼ぐ術はないことを、企業は当然理解しなくてはなりません。資産などの売却で収益を生むこととは違います。

売上とは本業の儲けという収益です。どうも売上は財務論的というよりも戦略戦術論的に見られていて、例えば利益が現金預金とは違うように、売上は他の勘定科目と混同されたり誤解されたりすることも起こりません。粉飾も難しく、ただ単に儲けという収益状況を教えてくれるシンプルにして最重要な科目です。もう少しこの売上という勘定科目をアカデミックに見ていきたいと思います。売上は常に割る方の「分母」に登場して分子の比率分析の役割を果たしてくれる、泰然自若な科目でもあるのです。

2-2 ベクトルの共有

売上高とは企業の存在の証で、英語でプレゼンスとも言われると前述しました。それは全社員が一丸となって同じベクトルを共有しながら売上の目標を達成していくものです。このベクトルという用語を耳にしたことがありますか。それは社員全員が同じ意識下において方向性や針路指針を共有しながら努力奮励することです。フロントに立つ社員、サイト上で部屋の出し入れを駆使する予約社員、料理を作る料理部とバイキング会場でその準備におおわらわの料飲部、また非生産部門（非付加価値活動）で計数管理に携わる社員、口角泡を飛ばして会議で老朽化を訴える施設課員、リーダーシップを発揮する部門長、重要な会議の招集をかける取締役、代表取締役社長の手腕内容、そして会社の理念などなど、全社員が同じ経営景色を見るベクトルのことです。

日本を代表する会社が時として倒産しますが、ベクトルを常に共有して企業活動を行うことこそが真の経営です。経営者側と社員側に大きな認識と実体に乖離があって「寝耳に水」といった事態が時折起こります。社員に「責任はありません」と号泣会見を開いたある会社の社長のことは鮮明に記憶にありますが、大方の場合、このベクトルは経営上層部の間違った「執念」のような偏った方向性が社員を軽視する形で平然と行われたりします。本来のベクトルは全社共有の「思考」であったはずです。社員間の売上に対するベクトルがバラバラであれば、それは収益に繋がってくれません。当たり前のことですが、百隊の騎馬戦で各騎馬がバラバラに動いて勝てるはずがないですよね。

売上方針の曲解、商品知識のブレとその重要度のブレ、相互理解の欠落、特に上部と下部間の「報・連・相」のなさという意思疎通の欠落などが日常的に起こります。これをビジネスの世界では「ベクトルが違う」などと言います。なお、私が出会った桐原浩一氏の『一年で黒字を実現する赤字企業再建術』には、ベクトルの共有論が詳しく記述されています。

2-3　売上の姿勢

売上には「姿勢」があります。その姿勢とは、売上、費用、利益の3者が常に一体になって売上のみの1人歩きを戒める姿勢です。売上の最大化に固執してしまうあまりにこの3者がバラバラになることで、本来の売上を支柱としての増収増益が奏功せずに増収減益、悪くすれば減収減益に転じてしまう、3者の相関関係の崩れです。売上施策には経営運営的なエネルギーを必要としますが、その「精神」は売上総利益という第1の利益の付加価値を創出し、次に利益性向と費用性向に最大の注意を払いながら邁進していくものです。それが売上に臨む時の姿勢です。その姿勢の「計算式」は次の通りです。

（1）費用性向の計算式、売上高−費用＝利益

（2）利益性向の計算式、売上高−利益＝費用

この2つのシンプルな計算式ですが、文字通り（1）は費用性向で費用に重点を置いて経費計画を実施します。つまり科学的な裏付けによりながら「出を制す」ことです。一方（2）は利益性向で、捻出しなければならない利益をまず念頭に利益計画に重きが置かれます。売上計画はこの2つのことを同時に実施していかなければなりません。つまり売上というものは費用と利益を併せ持つという前述のベクトルを関係者全員がシェアして実行していくものです。この費用性向については図表5の「原価経費管理委員会」を改めて参照してください。総支配人が議長となってこれを運営していきます。再度、言いたいことは、売上の最大化、経費の最小化、その結果の利益は最大化となるという帰結です。

２‐４　バリューエンジニアリング（Value Engineering‐VE）

このＶＥという言葉をお聞きになったことはありますか。建設業界などでは幅広く利用されています。これは機能を上げ、効果を上げ、必然的に価値価格をも上げるという技法、業務テクニックのことです。ＶＥの計算式などはありませんが、低コストで機能的にしてより効果のある商品を提供しつつ、高い価値の創出を図るものです。ありがたい話ですね。これがＶＥという手法です。当然それは売上の向上に連鎖していきます。

このＶＥの特徴は、提供する側も提供を受ける側も等しく恩恵を受けるということです。これが大前提です。私は現役時に最もリピートした部下への指示と指摘は、前出の（１）費用性向、（２）利益性向、そしてこの売上向上の理想形とも言えるＶＥ活動でした。総支配人時代、このＶＥを念頭にまず正規の女性サイト専担を証券会社から雇用して部屋の出し入れ業務を稼働生産性向上のために徹底管理させて運営機能、品質向上、そして売上向上と、幅広く職務貢献をしてもらいました。さらにこれも好例でしたが、料飲部門のソムリエに独自性に富んだ商品づくりの課題を指示して、ノーベル賞晩餐会のメニューを商品化して毎年恒例化しました。

これらは売上の最大化を実現してくれて、お客様側への恩恵は売上高が実証してくれました。

ＶＥに関連したことを続けます。例えば、値上げを敢行する中、既定商品の上に話題性に富む季節商品や新商品を紹介して、同時にこの値上げ新商品の妥当性を印象づける戦法もＶＥ商品です。また、定番商品にはそれが「定番」であるので特殊性や意外性を持たせてより多くの客数や客層を広げる拡販努力も、ＶＥの範疇です。目新しさの演出やお持ち帰りの新規需要の拡大と取り込みなど、モバイルオーダーなどが業績を伸ばしていることも消費者側に支持されています。このお持ち帰り商品は自宅での料理と合体させることが常識化し、提供を受ける側の満足度、そして単価を伸ばして売上を伸ばす実態と、これらはまさしく提供側と提供される側の双方がハッピーな状態の実例です。

この逆の商例は値上げと価値観に乖離があって提供側と提供される側が正比例せずに、売上減で営業損失になってしまう体質です。値上げは勇気のいる業務です。その値上げの際にＶＥを基本施策とすれば計画的にして有効的に進めることができます。ＶＥの存在を知らなかった後輩諸氏から商品開発と値上げ敢行に非常に役立ってくれたと感謝されました。

２‐５　商品サイクル論

同時にここで「商品サイクル論」にも触れます。商品には導入期、成長期、成熟期、そして衰退期というサイクルがあります。つまりどのような商品でも最後は衰退します。もちろん、衰退前に商品は改善され、また類似商品なども紹介され、あるいは新商品が開発されたりします。通常、成長期の後期から成熟期にかけて新商品や新しいメニューの紹介や既存商品の改善が必要になります。この商品サイクル論を失念し、軽々な対応に終始すると知らぬ間に減収減益につながります。とにかく成長期や成熟期の商品にあぐらをかいてしまわないことです。

どのような商品や製品にも永久や半永久的なものは存在しません。それが商品の使命です。これはどの「産業」にも言えるのです。つまり軸足を変える、例えば婚礼関連産業や百貨店を代表する流通産業が他産業に軸足を変えることです。精密機器大手の会社が医療分野にシフトした例もありましたが、成熟期を乗り切らなければならないのです。成長期と成熟期の時点で「体制」の在り方を一考し始めて衰退期を乗り越えなければなりません。

２-６　客室商品

宿泊産業のホテル旅館では言うまでもなく、第1の商品は客室です。そして客室関連商品数は50に達します。後述しますが、商品は定番商品と変動商品に分けられます。変動商品は期間限定商品とも言われますが、列記してみましょう。国内・海外主催旅行商品、インバウンド個人旅行商品、都道府県関連商品、四季関連商品、祭日と年間行事関連商品（日本の祭日の多さを認識しての商品化)、年末年始関連商品、ステイケーション(都心ホテルに宿泊で旅行気分)、受験シーズン関連、修学旅行、長期滞在などなどと、また企業側の年間行事なども商品化されるので、合わせると優に50以上の客室関連商品が可能です。

要は、商品開発の使命はそれを衰退させないことです。またインバウンドのカレンダーは日本のカレンダーとは行事内容が違いますし、ランドオペレーターや現地ホールセラーともしっかり折衝して魅力ある商品造りが可能です。それは宿泊関連の商品造成はプログラム化されて料飲部門さえ絡ませることで商機と商品の幅が格段に広がります。最も大事なことは商品のマンネリ化にあります。マンネリ現象は売上が落ちるまでわからないのです。前述の商品サイクル論に通じることとですが、特に定番商品などは3~5年の推移を検証していくことが賢明です。このことが少なくともマンネリを早い段階で防いでくれます。この推移検証や時の経過検証で商品状況が違ってくるので。つまり言いたいことは、商品には「賞味期限」があるということです。これを決して失念してはなりません。

宿泊関連商品は、実質、原価は基本ゼロ(アメニティーグッズや室内調度品などを売上原価に計上する場合もある)で、最も利益率が良いものです。客室の売れ残りは、年を通して月商の数カ月分に匹敵する大きな「機会損失」になることもあります。料飲部門のフィレステーキを1枚売れば25%~の原価がかかりますが、こういう事実は宿泊部門には基本ありません。売れ残りという残室は大きな機会損失に直結することは先に触れました。

また、この商品サイクル論と前出のＰＤＣＡ（計画、実行、評価、改善）と、そして一時ホテル業界で大きなブームにもなったＱＣ（Quality Control）の品質管理は、３者合体にして相互に関連し合っています。つまり商品は導入、成長、成熟、衰退と経過しますが、それはＰＤＣＡの計画・実行・評価・改善にも準拠していくものです。特に評価と改善では、機能評価と価値評価がより良い商品として生まれ変わるほどの——先述のＶＥになることが期待されます。さらに品質管理にもかけられて商品寿命も長くなって成長・成熟期という最も売れる状況が長くなります。

消費者側のニーズも絶えず変化して多様化していくので、外部環境にも当然注目する必要があります。また内部環境としてのこの品質管理はもともと全社員参加が基本で、変化する自社商品の価値を熟知することにあり、機能低下を未然に防ぐことも品質向上に繋がります。加えて、部門ごとに競い合う、例えば「社内技能オリンピック」などは、部門間の昇格昇給制度に反映されて毎年の社内行事として恒例化にもなりえます。実はこの社内技能オリンピックで、「営業部門の解析」と題するテーマで金の栄光をつかんだホテルマンがいましたが、それは品質管理の目線で営業活動を解析するというものでした。オリンピックの精神が企業に取り入れられた技能手法で一考に値します。

（１）商品サイクル

（２）ＰＤＣＡ

よ。

（3）QC／品質管理

これら3つは密接に関連し合っています。互恵しながらしかも相互に連携して相乗効果を出し合っている3者です。自社ホテルでも実践してみてください。「磨かれた」商品になりますよ。

最近、QC（品質管理）に関連した2つの事故がありました。1つはサプリの紅麹による健康被害。もう1つの知床半島の沈没事故は26人の犠牲者を出すという大惨事でしたが、これにもQCは関連していました。

紅麹では「品質管理に新部署」と新聞紙上では記されていました。これはつまり、口にする商品にそれまで品質管理の部署がなかったという裏付け記事でした。知床の事故では「機関室に大量の海水が流入」とありました。要するに両者とも品質に問題があったのです。いかなる商品でも、売っているものは実は「品質」であるということを失念してしまっていたのです。QCを構成するとき、検証、管理、基準、規定、法令、制度、そして経営者資格、倫理規定、商品知識などが根底にありますが、「それらが品質を構成している」という事実認識の欠落があったということです。

ホテル業界で品質に関することと言えば、その一つが「食中毒」です。本稿執筆中にも食中毒は一再ならず勃発しました。口にするものは一つ間違えば人命にも及びます。ホテル業界は品質管理とは50年以上前からの付き合いですが、時として、それでも食中毒は起こります。残念なことですが、最近、品質管理という用語を聞かなくなりました。紅麹の報道では「再発防止策」とありましたが、知らぬ間にこの「品質管理」は死語になっていたのでしょうか。

２‐７　５Pとは

次に、売れる仕組みづくりや売れる仕掛けが重要になってきます。

外部要因や多様化する顧客ニーズを把握しながら、市場調査と分析からマーケット評価と企画商品の評価、加えて流通経路の評価などから、この仕掛けと仕組みづくりが５Ｐへの構成となっていくのです。この５Ｐ、皆さんは体系的に試みた経験がありますか。これは商品（product）、価格（price）、販売流通経路（place）、販売促進（promotion）、そして基本的な政策（policy）の頭文字（英語）の５Ｐのことで、最もポピュラーにして、大事な前提の「売りたいもの売る」のではなくて、①「お客様が求めるものを売る（必要商品）」、そして②「お客様が買いたくなるものを創出する（新商品）」というこれらの言葉に集約されることになります。同時に、③「お客様が知らない未知の商品の開拓（潜在商品）」ということになります。なんだか、ドラッカー的ですね。次にこの３つのことをまとめておきます。商品造成施策の基本中の基本です。

（１）お客様が求めるものを売る（必要商品）

（2）お客様が買いたくなるものを創出する（新商品）
（3）お客様が知らない未知の商品を開拓する（潜在商品）

2-8　商品／Product

先頭に出てくるP、「商品／Product」から説明します。

商品造成の基本となるこれら前出の3つのことに並行しながら「商品」を考えていきます。ホテルによって売られる商品は千差万別です。まずは、定番商品と季節商品やイベント関連とも言われる変動商品、さらにもう一つは準定番商品があります。これは、ある変動商品が成功裡に終わって恒例化となって定番商品に格上げされた商品のことです。ホテルにはこの種の商品がたくさんあります。また定番商品が先述のVEで新たな価値の創出とともに売上向上に貢献する商品も出てきます。これらのことを基本にしながら、特筆すべき商品関連6項目を次に詳説していきます。

（1）ポジショニング（Positioning）

該当するマーケットにおいて自社ホテルがどのような位置づけになっているかの判断です。待ち合わせで心地良いラウンジソファーで一息ついて友人と和食を楽しむ料飲施設など、施設や設備は商品構成の基本です。この施設設備の（経年）劣化は時として運営の難敵と化します。

つまり、ポジショニングとは施設設備に代表されるホテルのグレードのことです。よく起こりますが現場の劣化状況と経営者側の当期の予算とに乖離があって業務対立が生じたりします。現場は職務として真摯に劣化内容に対応して上層部への報告義務があります。ホテルは装置が基本の産業です。その機能が劣化でうまく作動しなければ欠陥商品となります。つまり現場実態と予算とが二律背反するわけです。

実例ですが、シンガポールの著名な豪華ホテルでしたが、バスタブからの素晴らしい夜景を満喫しながら湯に浸かりました。ただデジタル化された客室で電話機能が作動せずに閉口し、駆けつけた係員も対応できずで、この設備の故障は結果的に湯に浸かりながらの夜景と相殺されてしまいました。要は実態がチグハグなのです。施設設備などは基本の商品ですから、前述の品質管理は特に施設管理の苦情などを未然に防いでくれるものですから極めて重要です。

加えて、修繕引当金の予算計上は必須だと思います。ホテルは施設設備という装置が基本的経営資本でしたね。このポジショニングを通して自社ホテルの位置づけをしっかり把握し、施設設備の実態とその商品価値を商品造成に結びつけることになります。

(2) 料理

料理はホテル旅館の売上資産です。そして料理原価は売上の多寡によらず売れた分だけが費用化される変動費です。学習通り、損益計算書上では料理原価や料理売上などの科目に計上されます。施設総合完備型都市ホテルやリゾートホテル、さらには旅館にとってはこの料理こそが「生命線」と言っても過言ではないほどの大切な売りの資産です。VEの最先端に位置づけられるものです。

繰り返しますが、食材は売れた分だけが費用の変動費で、平たく言えば、料理売上から料理原価の変動費を引けば料理関連の粗利が出ます。粗利がいくらなのかは大事です。私は変動費の世界は売れなければ機会損失だと考えています。売れる機会を逸したのですから。変動費は売れなければ在庫で、費用ではなくて貸借対照表の棚卸の世界です。また評価されない「おいしくない料理」は料理資産の形骸化につながり、数字には現れない売上の減少になっていきます。さらに加えて、社員によって商品価値が一定ではないというこの業界の特殊性もあります。

料理ほど、このことが顕著に表れる商品はありません。そしておいしい料理は会社の資産となり、それは顧客を生み、リピーターをつくり、他部門にも波及効果を創出してくれます。一方、おいしくない料理は何も創出せずのマイナス効果で終わってしまいます。これが宴集会部門においては1宴会単位で数百万や1000万円の減収が生じます。つまり、大袈裟《おおげさ》な言い回しになりますが、料理は顧客満足か不満のどちらかになります。

(3) 景観と自然

景観や自然は特にリゾートホテルでは商品造成の大きなウエートを占めて、味方となってくれます。「雲海」などは後で登場するUSPなどの代表的なものとなります。人工的な墨田区のスカイツリーなども、その景観が大いに商品として味方してくれます。このスカイツリーで私は現役の頃、商品造成に事欠きませんでしたが、それに年中行事を絡ませ、東京観光と屋形船をも絡ませて、インバウンド対応商品のみならず他県からの集客活動をも促進してくれました。

景観や自然はホテル開発の時点で開発準備作業の大きな比重を占めます。モルディブ共和国でホテル開発に携わりましたが、ご存じのパノラマブルーの素晴らしい海の景観の上に洋上客室を建てました。これは商品価値を高めて当時の大手ホールセラー５社により商品化されました。商品化が横並びになると、競争力は後述する５Ｐの中の販売経路に大きくかかわってきます。それは、その項で詳説したいと思います。

景観や自然は文字通り自然の恵みです。多大に商品化に貢献してくれます。この逆の例は、１-13のところで触れたように、マレーシアのリゾートホテルで総支配人に従事していた頃の話で、一種の季節風で日本海の高波のような全くビーチが使えない遊泳禁止状態が半年も続いたことには閉口しました。インドネシアでは、引き潮で海水が引いてしまう状態での経営を強いられました。自然は優しくもあり、また厳しくもあります。そのことを熟知しての商品造成となります。

（４）固定と変動商品

まずは固定商品ですが、特に年中行事や祭事に関連した商品が多く、カレンダーに沿いながらの企画型商品です。また、学校関連、法人関連、政財界関連、各種団体関連など彼らのカレンダーに沿いながらの多種多様な固定商品造成です。ただし、固定商品は恒例化の中にも常に新しい切り口を求め開発していく発想と商品サイクルを忘れてはなりません。また、ホテルではなく、旅館での商品化構想についてある企業研修の折に質問されたことがあります。それは旅館の場合、どうしても主力商品は料理が中心となり、そして温泉となる事実です。つまり固定商品があまりにも固定化していることの実態です。

需要には顕在需要、新規需要、潜在需要と3大需要がありますが、旅館の場合、従来からの顕在需要に頼りがちになります。似たような話が百貨店業界です。「百貨店らしくない、新しい百貨店」といったことなどはあまり耳にしたことがありませんが、旅館も「新しい旅館の顔」を研究する必要があるかもわかりませんね。「脱皮と進化」が課題と言えます。

商品サイクル論では、導入期、成長期、成熟期、衰退期というサイクルに準拠することに触れました。私は、成熟期の次にこの進化期（造語）を入れたいと思うものです。商品サイクル論的に言うと、成長期に突入するや可及的速やかに新しい商品の紹介の準備に後れをとってはなりません。またこの進化期ですが、造語とは言え、衰退期に入ってしまえばそれは衰退か商品の死滅を意味するのです。

次に、変動商品は多様化する顧客のニーズと、変化する市場環境を的確に捉えて適時にイベントや商品を企画催行するものです。経験則から、当時の優秀なソムリエのアイデア商品としてワインとおでん、ワインと屋台、さらには豆腐などとワインと日本的なものを結合させる商品や、長期滞在型宿泊とステイケーション／Staycation、さらに北海道産食材を使用した「どさんこ」フェアーなど知恵を絞った商品をたくさん紹介しました。多くは期間限定商品の変動商品で、アイデアの賜物です。従来の季節商品もこれからは姿や形を変えていくべき変動商品と考えます。Takeaway商品（お持ち帰り商品）なども変動商品で、これからは有望的な固定商品にさらに成長していくことでしょう。デリバリー商品もこの部類です。今のところ、これらの多くは外食産業の範疇ですが、ホテル業界もいかに参入するかを考えて商品と商圏を拡大確立していくと考えられます。

（５）ＵＳＰとは

再度、「売りは何か」という話です。皆さんはＵＳＰという用語をお聞きになったことがありますか。英語で、Unique Selling Propositionと言われ、よく独自商品とも説明されます。

私は一時外国の航空会社の極東支配人の職にありましたが、今でこそどこの航空会社でも売上施策の一環として機内でアルコール類の無料サービスが行われます。当時としてはＵＳＰの代表的な魅力ある顧客の勧誘策で、それも比較的高級の酒類がインフライトサービスとして無料提供されるわけですから、口コミは絶大となり、世のビジネスマンたちはこぞってこの航空会社を使いました。私は東京支社からシンガポール本社に転勤となって、この経過話を知りましたが、酒類無料提供がもし奏功していなかったら「責任を取る覚悟」で臨んだという必死の覚悟だったらしいです。とにかく、何時間にも及ぶ空の旅ですから無料のアルコールを楽しめるフライトに人気が殺到するのは当たり前です。この航空会社は無事故でも有名で当時の民間航空会社を席巻していました。正しくこの航空会社はアルコールの無料提供と航空機事故なしというUSPで、世界一の人気エアラインに毎年何度も選出されていました。そのほか、世界一おいしい機内食や、新機種への投資など、とにかく、話題に事欠かないエアラインでした。これがUSPです。

この項の冒頭に「売りは何か」と表現しましたが、キャッチフレーズになりうるモノは何かということです。言葉を変えると「主力商品」を作っておくことの重要性です。素晴らしい景色が売りのリゾートホテル、スカイツリーの眺望が売りのホテル、また花火が売りのホテル、新幹線を利用してまで半日かけてフランス料理に駆けつける顧客、特に和食に力を入れるホテル、温泉を引く都市ホテル、そしてその「売り」からの波及効果を狙う戦術など、USPは大事な戦略の一つであることに間違いはないです。

私はシンガポール、マレーシア、インドネシアなど東南アジアを中心に都市ホテルとリゾートホテルに駐在し、特に在留日本人社会にこのUSPを、文字通りぶつけました。苦肉の策の末の商品開発でしたが、対象は日本人駐在員ご家族でした。海老蟹の豪勢バイキング、カラオケ・バーはフル回転、朝カレーとスパークリングシャンパン、年越しそば、おせちとお雑煮、DVDでの紅白歌合戦上映、餅つき大会、民家と共同でカンポン（村まわりツアー）、屋内ゲーム、ホテル館内オリンピック（社員とお客様との対抗試合）、当時の円高での館内ショッピングなど、考えられる日本的なモノはほとんど商品化、また客室関連ではワンランク上の部屋にグレードアップ、4人家族は2室提供、次第にホテル側のイベント内容そのものがUSPとなり、シンガポールの日本大使館から、どうして紅白歌合戦が翌日の元旦の日に上映できるのか教えてほしいという連絡を受ける事態にまでになりました。USPが1人歩きしだしたのです。

種明かしは、大晦日に成田のホテルで紅白歌合戦を収録、翌日、朝便で空輸、シンガポールのチャンギ空港で受け取り、タクシーでホテルに運び込む（マレーシアの場合は単車で2時間かけて運び込む）、そして元日に上映、という綱渡りでした。スマホのない数十年前のUSPでした。なお、前述した桐原浩一氏の『一年で黒字を実現する赤字企業再建術』にも、このUSPが詳しく登場します。参考としてください。

(6) パレートの法則

売りは何かの線上に商品別売上高の売れ筋商品の分析があります。いわゆる「ABC分析」に見られる「商品力」の位置づけです。事実「一番売れる商品は一番利益率が良い」とよく言われます。これはあるセミナーを通じて業界の大先輩からの教えでしたが、とにかく売れる商品は重点的に売ってしかもそれは上から3番目までの売れ筋商品に集中するという知恵でした。つまり、商品別分析では売れば売るほどに商品別営業利益率は上位3位までで決まってしまうという結論でした。

もう一つ、パレートの法則も興味深いものです。お聞きになられたことはありますか。「80対20」の法則です。私はこのパレートの法則（パレートはイタリアの経済学者）を高く評価しています。理由は、この法則が使えるからです。全体の中のおよそ80％は20％の要素で支えられているという理論です。例えば、あるレストランの売上の80％は20％のメニューの要素で成り立っている、仕事の成果の8割は、2割の社員が中心となっているなど、説得力があると思われます。身の回りの状況を注意深く観察してみると、この8対2に出くわします。パレートの法則は戦略的にも戦術的にもしっかりと使えて生産的でもあります。

皆さんもご自身の身の回りの生産実態を検証されてこのパレートの法則の8対2に準じて、その流れという「商流」を見出してほしいと思います。同時にこの商流に関連したことで、「お得意様」とよく聞きます。私はこのお得意様を重要視します。なぜかと言うと、お得意様はコロナでさえ打ち勝つのです。日頃からこのお得意様作りに傾注しなければなりません。コロナが落ち着けば真っ先に駆けつけてくれるのもこのお得意様なのです。

2-9　価格／Price

次のPは「価格／Price」です。最も企業の売上と利益を左右する価格、つまり売値（あるいは料金）です。企業には稼ぎ出さなければならない利益があり、それは「いくらで売るのか」ということにシンプルにして、しかし最も重要な５Ｐの中の一つです。

利益は結果であり、その起因先が料金です。利益計画からの逆算で基本的な部門別の価格帯を決め、同時に過去３年の実績評価と外部要因も加味されます。料金は自社が直接顧客に提供する自社チャネル用料金と、契約提携者に対するものと２通りの料金があります。ホテル関連のセミナー講師を何度か務めた経験からですが、例えばRev. PAR（レブ・パー）の詳しい説明のできるホテルマンが少なかったことが記憶にあります。これは宿泊部門の生産効率ですが、空室も考慮されるＡＤＲよりも重視される指標の一つです。価値は常に料金を上回らなければなりません。つまり価値は創造されるべきものと認識され、その上で商品は造成されて料金以上のものになっていきます。

料金には、基本、ラックレート（正規料金）、オン（繁忙期）、オフ（閑散期）、そしてショルダー（オンよりも安く、オフよりも高め）とありますが、ショルダーはもともと航空会社で使用されてきた料金体系です。ホテルでも使われます。またオンやオフと言ってもそれはホテルの持つ事業環境や立地でそのあり方が違ってきます。

オーストラリアは日本と気候は逆で、日本のオフ時期は彼らのオン時期で、代理店を通して部屋を提供して販促します。またカットオフという「手仕舞い」の決済方法も常識の業務の一つとして学習しておきましょう。このように料金体系はその時の稼働状況に準じて変動させていきます。ＢＡＲ（Best available rate）でフレキシブル（Flexible）さが求められ、最適料金で部屋を提供していきます。全国旅行支援やコロナ禍の落ち着き、マスク着用の個人判断など、さらにインバウンドの復活劇と、ホテル旅館業界を取り巻く事業環境は本当に上向きになりました。

ご存じの通り、コロナ禍は２０２０年から全世界に蔓延しました。その年から逆算すれば貴社ホテルの累計損失額はどのようなものでしたか。これからその挽回計画の実行です。３年の回復計画で、正しく５Ｐの中の価格の大幅見直しです。つまり遡及計画です。それは売上計画、流動費／固定費と利益計画、そして資金繰りと連動します。これらのことを予算化するのですが、その根底に、説得力ある料金アップ政策が続きます。つまり価格、単価、値上げ時、観光コンテンツの常時見直し、富裕層対策、短期・長期滞在促進、アジア諸国と欧米諸国促進と、やらなければならないことが山ほどあります。

例えば、施設総合完備型の２５０室の都市ホテルはコロナ前の総売上高は25億円と仮定します。コロナで15億に落ち込みました。そしてコロナが終息ぎみとなり、料金、稼働、人員アップでの目算は「稼働人員数は２５０室数×１室当たり平均収容人数1.5人＝375人×１万円値上げ×365日×推定稼働80％＝年間で約10億」です。客室は変動費のない最も利益率の良い部門です。稼働させる、させないで利益率が格段と違ってきます。同時に料飲関連と付帯料金の値上げも追随されます。このように、アップ政策の到来は始まりました。価格アップには同時に内容の検証がマストとなります。このことを忘れないようにしましょう。価格と内容は正比例しなければなりません。

料飲関連では近隣顧客を筆頭に地域が主要マーケットになるので、常に料金関連の市場調査が大事です。それは近隣の外食産業と競争原理が働いて、そのために宿泊者はホテル館内のレストランでの食事を敬遠気味になります。外食が好まれる背景にはホテル館内での割高感があげられますが、インバウンドも本来は観光が目的ですから外食に傾倒しがちです。が、まずは人員稼働の復活、そしてホテル館内誘導策もこれからです。それは宿泊者をいかに館内料飲施設に誘導させるかの課題で、「仕組み」をまずは考えるべきでしょう。

インバウンドの消費額について、コロナ前の訪日客数は約３２００万人で消費額は約５兆円でした。コロナが5類に移行してからは４０００万人で消費額は８兆円に届くだろうと東京女子大・谷ヶ崎紀子教授が予想していました（読売新聞２０２３年6月14日）。

デイビット・アトキンソン氏の数々の著書は、明確に日本のインバウンドの成長性が詳説されています。２００８年に観光庁が発足しましたが、その活躍ぶりについて、特に日本の基幹産業に成長していくための政策推進が強く切望されます。そしてコロナ後、改めて行政の存在感を示す具体的な施策があってしかるべきで、将来のインバウンド対応は新しい切り口が求められます。

2-10 販売流通経路／Place

3番目のPは「販売流通経路／Place」です。

北は北海道から南は沖縄までの不特定多数のお客様がターゲットです。自社予約窓口やWEBサイトだけでは効率性が悪過ぎるので、旅行代理店／ホールセラーやOTA（オンライントラベルエージェント）と送客契約を締結して集客の最大化を図ります。スケールメリットです。まずは大手ホールセラーとの商品化計画、同時にインバウンドも視野に入れるので地上手配旅行代理店（ランドオペレーター）とも契約しなければなりません。なんと言っても、このインバウンドは訪日旅行者3000万人以上のビッグマーケットで、さらに伸びていく有望な市場です。

ただ料飲や宴会部門の集客活動はほぼ国内市場になって、それも地元マーケットが大きなウエートを占めることも認識しておく必要があります。同時に自社チャネルやWEBサイトからの予約を増やすことにも傾注しておかなければなりません。それには自社独自の魅力ある商品造成が不可欠です。なんと言っても自社商品には手数料がかかりません。これらの第三者を介しての集客はスケールメリットがあることは先述しました。なお、送客契約先への手数料は変動費の世界です。売上に準じての費用です。頭の中に入れておきたいことは自社商品とスケールメリットです。

2-11　販売促進／Promotion

４つ目のＰは「販売促進／Promotion」です。とても領域の広いこの販売促進は多種多様にして多岐に及びます。その上、業種業態でありようがさまざまです。例えばこのＰの最初に登場するのが、デジタル媒体（ＷＥＢサイト、メルマガ、ＳＮＳ、対ＯＴＡ）などの戦略戦術対応にあります。同時に印刷媒体は副次的ではありますが、その長所を生かせばなお効力を発揮してくれます。またセグメント情報では部門別の売上高の詳細が分析できて、特に具体的な販売促進の予実管理にも具体的に奏功してくれます。部門別順位では対地元の販売促進の支持支援ともいえる宴会売上高と料飲売上が上位に並び、最も利益率の良い宿泊部門と続きます。つまり、３大需要の地元顕在需要こそが最も大事で、販売促進の在り方そのものをも教えてくれるものです。新規需要や潜在需要よりも現存している顕在需要の拡大こそが大事で、これを中心に考えていくべきことです。ここで今一度イベントカレンダーの総合的な見直し作業を実施してほしいと思います。これは経験則ですが、「年間総合イベントカレンダー」を作成することで各々のイベントは息を吹き返したように本来の販売力が活気づきます。それが高じていろいろのキャンペーンにも通じていきます。業界では「キャンペーンもの」と俗称されていますが、キャンペーンと聞くなり胸躍るほどにわくわくしたものです。その基本作成方法は３つのＣから成り立ちます。

①キャンペーン（Campaign）　イベントものの商品はキャンペーンセールを実施します。これは一極集中型の販促です。販売視点を確実に捉えて具体的な戦術とともに成果が上がることが求められます。価格帯の値崩れに注視です。フォローアップが欠かせません。

売上目標、利益目標とともに、３年に遡及しての販促活動詳細の分析です。

②コラボレーション（Collaboration）　同業他社や異業種他社とのコラボのことです。また既存の商品とのコラボ、他部署とのコラボなどなど、社内におけるコラボ事象案件は思いのほか存在します。そして効力を発揮してくれます。こちらが持っていなくても、相手様が持っていてタイアップしたことはたくさんありました。そして当然ですが不思議と双方にメリットがあります。百貨店とのコラボは相性が良くて、成功の経験しか記憶にありません。このコラボを考えることすら失念してしまうにはあまりにももったいないのです。

③コミュニケーション（Communication）　先述通り、デジタル媒体、紙媒体、広報広告、そしてセールスマーケティング活動など、習慣的なものではなくて５Ｐ委員会を正式に立ち上げて商品ごとに実態の推移を見極めていく、このことの重要性に気づけば、立ち上げる委員会はぜひのことです。私の５Ｐ委員会を立ち上げた経験は前述のマレーシアの海のリゾートホテルでしたが、当時はこの５Ｐを理解してもらうために別に勉強会を設けたりしました。

最も気をつけることは、顕在需要の重要性にどこまでも固執して開拓精神が希薄になってしまうことです。旅館や百貨店の話をしましたが、販促活動の結果が芳しくない時は徹底的にその原因究明に東奔西走しなければなりません。これを怠ると蟻地獄に陥って新規需要や潜在需要にも着手できなくなります。言いたいことは、この５Ｐは一過性のものではないということです。回っている独楽《こま》のように、糸で巻いて再び転がさないと販促活動はストップしてしまうのです。

２-12　政策／Policy

最後のＰは政策の話です。企業に理念が存在するように、マーケティングミックスにも共有すべき政策という理念があります。それは、この５Ｐという販売政策を具体的に実現させる上で社員間においてどのように明快に浸透させていくのか、という手段手法です。これまで商品、価格、販売流通経路、販売促進という４Ｐを学びました。最後は政策というPolicyがあるということも学んでください。ただしこの５番目のＰは各企業が独自の理念を持っているように、各ホテルで独時の政策／Policyを持つことです。例えば、

ポリシーその１、価格以上の価値の創造（何度も出てきました）。

ポリシーその２、明日の商品造成（創造需要）。

ポリシーその３、商品環境（多様性対応力）。

価値の創造は価格を凌駕《りょうが》します。どこかの会社の宣伝に「お値段以上、〜〜」というセリ

フが頻繁に出てきますが、その通りなのです。価値を高めることこそが大事で、価格を決めるのは価値が決めるのです。バーゲンに消費者が群がるのは価格や値段以上だからです。つまり、量的な魅力と価格帯の魅力です。また、明日のことを頭に入れて商品造成を考えなければなりません。今が勝負ではなくて、明日以降という将来的な創造需要です。繰り返しになりますが、顕在需要と新規需要と潜在需要を皆さんは学習しました。今ある需要、新しい需要、眠っている需要と、そして作り出していく創造需要です。商品は環境に大きく左右されて多様性をも秘めているため、常に社会情報・情勢にアンテナを張り巡らして接しておくことが大事です。商品を取り巻く環境は競い合いながら変化していくものです。

2-13 ホテルの特殊性

ここで、売上商品に関連したホテルの特殊性について詳しく述べます。まず特殊な商品の1つ目は「社員によって提供される商品やその品質に違いが生じる」ということです。施設総合完備型都市ホテルやリゾートホテルでは、総売上高の65%以上は宴会部と料飲部に依存したりします。そして料理の世界では料理人によってその付加価値に違いが生じる特殊性があり、提供される料理が価格以上であったり、時にはおいしくないと思える料理が提供されたりと、いつも画一的でないという特殊性です。2つ目は、この料理のように即お客様に提供するという商品の検証は基本的にありません。３つ目は、目に見えない時間と空間での体験や経験、感動、さらにはホテル側の演出効果などに対価が支払われます。つまり視覚にうったえるモノだけではないということです。４つ目は、在庫を抱えることができません。今日の空室を明日売ることはできません。よって常に売上の最大化を考えた戦略と戦術が必要です。またホテルではよく「おもてなし」と言われます。しかしおもてなし自体には価格は存在しませんし、社員によってそのおもてなしの評価や価値はさまざまです。これも特殊性と言えば特殊性です。これが5番目です。

話が飛びますが、私は現役の時に頻繁に「現場力」という用語を使いました。ホテル旅館業界はこの現場力に磨きをかけておくことが重要です。ホテル業界は現場が勝負です。この意味は、消費者を目の前にして待ったなしの商いを行いますから、日頃からの現場の力が問われるのです。

2-14　マーケティング活動

売上の最大の山場と言える「マーケティング活動」の策定になっていきますが、これまでかなりのページを割いて売上思考について述べました。相手にするのは強敵の「売上」です。それをマーケティングの策定で対峙していきます。どう対峙していくのかという論法で、この項を締めくくりたいと思います。

誰が実際のマーケティングの陣頭指揮に立つべきかについて、私の所見を述べます。それは販促部長や宿泊部門長やどこかの部門長でもなく、総支配人（General Manager/GM）と考えます。よく「部門長に任せる」と言われますが、間違いです。総責任者の総支配人が陣頭に立って指揮すべきです。GMは販売理念に裏打ちされた方向性に準拠しながら各部門の戦術戦略をアクションプランに落とし込み、各部門長にそれを指示します。これは経験則ですが、部門長を招集して以下のような事案が確定されます。
①全社で最終目標をクリアーするという売上思考はない。売上目標も、利益目標も、最終予算目標も次の②が最終着地点である。
②全部門で全目標をクリアーする。すなわち、目標未達の部門はない。
③売上は費用と利益とが一体化。
④VEの追求は具体的に、価格以上の価値の創造。
⑤必要商品、新商品、潜在商品と5Pプラスであること。
⑥今期のポジショニングは？　――ポジショニングは毎期変わるもの。
⑦今期のUSPは？
各部門長はこれら7つのアクションプランを具体的に構築して総支配人に提出します。そこから各部門に持ち帰って社員に説明し、同じベクトルの共有を確かめ合います。

次の項目に移る前に、売上思考のくくりとして次のことを書き添えておきたいと思います。それは、売上は考える力と正比例するということ。そうならない時は真剣に考えていなかったことになるのです。

売上高はいつも損益計算書の勘定科目のトップに出てきます。すべての企業活動の源泉であるからです。

３　損益計算書‐売上関連ＫＰＩ

３‐１　売上高関連指標

次に売上高関連の分析指標に移ります。

会社の正確な現況を理解するために、さまざまな重要売上分析の指標が出てきます。多くの若いホテルマンは接客関連のみがホテルの運営経営だと思い込んでいる節がありますが、事実はもちろんそうではありません。経営運営の結果対策には経営指標と幅広い会計の知識を要し、特に装置産業のホテルは資産をたくさん保有するので、計数管理と売上関連指数は必要不可欠です。またすでに指摘しましたが、ホテルや旅館業界は「財務リテラシーに弱い」と言われます。この際、ぜひこのありがたくない不評を返上したいと思います。まずは伸長率を見る指標です。

（1）売上高伸長率＝（当期売上高－前期売上高）÷前期売上高

前期と今期の比較による売上高伸長率です。単純にして最も大事な指標です。同時に過去3カ年の売上推移を比較することの重要性は何度も指摘してきましたし、部門別に何が良くて何が良くなかったのかの検証作業は重要です。そしてそれを次期以降に生かさなければなりません。また、同業他社との競合調査も大事です。その筆頭が「看板調査」で、これは必須でしょう。どのような企業や会社が同業他社に流れているのかを目のあたりにするロビー内の看板調査は「見る、見られる」の関係にあります。相互の切磋琢磨は企業の本質にして姿勢です。現在は看板にかわってデジタルとなっていますが……。売上の伸びで一番気にしなければならないことは、自社商品がお客様に「感謝されているか」です。それは「存在感」に通じます。

プロ野球の故野村克也監督は「勝ちに不思議の勝ちあり、負けに不思議の負けなし」と言われました。つまり、負けには当然負ける要素があったわけで、それは不思議でも何でもないという理論です。一理も二理もある理論です。売れない商品を必ず分析しなければなりません。それは反面教師という素晴らしい教材です。また、外部要因も追求分析しなければなりません。その最たる例として為替などがあります。また、ポストコロナの訪日客関連では多くのことをすでに述べました。

一つ付け加えたいことは、観光庁は国交省の外局として発足しましたが、観光の重要度と貢献度、さらには観光立国を目指すことを鑑みれば、北海道から沖縄までの国をあげてのたくさんの観光開発の推進が期待されます。出てくるのは東京に集中しているのではということですが、同時に訪日客数、訪日客数消費額、国際観光収入、そして先述通り、単価とその引き上げ額には注意していかなければなりません。観光は我が国の基幹産業に成長していく有望なインパクトを内包しています。世界規模で100兆円市場とも言われる「大観光時代」に入ったと私は見ています。売上に期するところは大です。日本の観光は多分にフランスやスペインと肩を並べるほどの有望性を持っていると見ています。インバウンドの関連数字とともに冒頭の伸長率に注視しておかなければなりません。もろに営業利益に貢献してくれることになるのですから。

(2)　営業利益伸長率＝(当期営業利益－前期営業利益)÷前期営業利益

合わせて、営業利益と経常利益の伸び率を同時に見れば会社の成長性をしっかりと見ることができます。現役の頃、私は毎年常識的に必ず経理課から当期と前期の2枚の詳細損益計算書を提出させていました。それは売上高と「営業利益と経常利益」という重要2項目の推移を見るためです。経常利益については前項1‐13で述べていますが、前年対比で売上は伸びているか、会社は伸びているか、この2項目の検証を確認するためです。もちろん、一過性の特別損益の実態も見ます。要は、学習してきた5つの利益を売上高対比で見ていくことの重要性です。

（3）予算達成率＝当期実績÷当期予算

対前年で伸長していても、予実管理（実績対予算）がさらに大事です。予算比較でマイナスは深刻ということです。言うに及ばず、企業は毎年予算を組んで経営を行いますが、予算未達で投資が実施されなければ企業の競争力が低下していきます。競争力の低下というものはジワッと染み渡るように、ゆっくりと、しかし確実にまずは売上低下となります。売上の低下は消費者が企業から離れていくことを意味し、それは企業の存在そのものの姿ですから深刻です。

この負の連鎖が継続的なマイナス反応を起こしている場合は、予実管理委員会を通して予算の未達分析を行わなければなりません。前年対比でプラスだから、と涼しい顔をしていては経営姿勢を問われます。前年対比とともに企業が決めた予算をクリアーしなければなりません。企業は予算とともに生きていくものです。何度も指摘しますが、部門別でどこの部署がマイナスなのかを具体的にして詳細に調べることが大切です。「部門別で予算をクリアーすることは、会社が予算をクリアーすることで、一つもマイナスの部門を出すな」という教えです。

（4）売上の伸びと資産の伸びと棚卸関連

売上高伸長率を前述通り（1）と（2）で見てきました。ここでは会社の資産を使ってどれだけの売上を上げたかを見ます。後述する第四章のＲＯＥ／ＲＯＡのところでも触れますが、会社が用意した資産と売上の成長率の比較をするためです。売上が資産の伸び率よりも上回っていれば堅調な伸び、逆に売上が資産の伸び率よりも下回っていれば資産の利活用が鈍いと言えます。そのために回転率で効率度を見ていきます。ここで言う資産とは、貸借対照表左側の資産項目のことです（次章で学習します）。計算式は「資産回転率＝売上高÷資産」で、「倍」で表します。一度、自分の会社の資産回転率をこの計算式でやってみてください。

また、業種にもよりますが、貸借対照表の総資産と損益計算書の売上は似たような数字に落ち着くことが多いものです。資産を駆使しながら売上を作るのですから両者は同程度に収まるという理論です。つまり総資産の12分の1が月商の1カ月分という計算です。これは売上と資産の両者を見ていくという健全な経営に通じることになります。売上と資産が大きく異なる場合もありますが、それは一般的な経営常識の範疇ではありません。柴山政行氏の『決算書の読み方』（宝島社）のＰ62で詳しく述べられていますので、気になる方は読んでみてください。

また、貸借対照表の勘定科目の「棚卸資産と売上との比較」も重要です。例えば売上高が下がっているのに売れていない在庫が増えているなど、売上の実態と在庫量のアンバランスな状態には要注意です。在庫は「売上を物語ってくれる」ものですから。

棚卸の関連指標は、「回転月数＝棚卸資産÷月当たりの売上原価」で出ます。貸借対照表の章で更に詳しく述べますが、ホテルや旅館の棚卸資産は常に鮮度の問題がありますので、在庫の回転の効率が良いのです。

（５）社員１人当たり売上高＝売上高÷社員数

１人当たり売上高のことです。正規非正規社員にかかわらず総売上高を全社員で割って社員一人当たり生産性を見るものです。同時に、生産部門のみの1人当たり社員の売上高を見なければなりません。また部門別での売上高の社員1人当たりの売上高を検証する必要があります。前述の労働生産性と労働分配率も必ず見ます。またさらに拘泥しますが部門別の売上推移をしっかりと見ていくことです。とにかく、部門別で予算をクリアーすればそれは会社が黒字ということですから。

「1-10-1　人件費」で、売上で人件費率を見ることを学習しました。コロナが落ち着き始めた世はまさに人手不足です。全国平均で1055円の最低賃金の議論が新聞紙上で取り上げられていました。そして企業側も人手不足で容認の方向とありました。その中で「中小は息切れ感」と言われてやはり台所事情があるのではと考えます。ここで思い出すことは「労働集約型産業」という用語です。ひと昔前の言葉ですが、1次や3次産業がこの部類に属します。人に頼る産業です。ただアウトソーシングやパート・アルバイトや派遣社員などの非正規雇用などで人件費を圧縮し、さらに業務すべてに見られるデジタル化への移行で、この人件費の実態も変化しつつあります。課題は、人件費の詳細をしっかり把握しているかということです。つまり人件費と売上高の両者を見ているかで対策が違ってくるし、3年~5年に遡及して人件費の推移を奥深く検証する必要があります。また部門別の1人当たりの利益高、オンとオフとの人件費率など、そして変動費の原価と固定費の人件費は2大費用という位置づけです。

ここで人材管理委員会に触れます。企業は人の問題で右往左往します。コロナのパンデミックで社員は解雇され、感染が収まれば人手不足になりまた雇用することとなります。要は有事の際と平時の際が循環するわけです。今は人手不足で倒産する企業さえも多く出始めています。このような「その都度の問題」ではなくて、恒久的にしかも外部環境に適宜対応のできる「常時の課題」として社内にて取り組むことが肝要です。これが「社内人材管理委員会」です。現在、国を挙げて「博士人材」の活用を推進しています。それは産官学が連携して専門分野の開発に取り組む人材を育成するものです。このように、新しい切り口を模索し、「人材と人件費」を常時の課題と位置付けてその運営管理の開発に挑んでみてはどうでしょうか。課題は大と思います。

人手不足の問題は、今や恒常的にして深刻さも増しています。そしてその解決に、政府は外国人対象の「育成就労」の創設と「特定技能」の制度の拡充を決定しました。これは人口減少、生産年齢人口減少、少子高齢化、そして賃金形態の停滞と、昭和時代の終わり頃から発祥していた問題でもありました。言うまでもなく、それは一過性の問題ではなくて現在に至るまで深刻化の度合いを内包してきたものでした。どうしてもっと早く官民一体となって対応してこなかったのか……と思います。人口や労働者人口問題は長期の課題であったはずだからです。日本人労働力を外国人労働力で補充し置き換える実態そのものは、人件費の原資を売上利益に依存している事実に変わりはないのです。問題の本質は不足であって、この補充を進行させながら特にデジタル化（ＤＸ）を中心とした生産性を活性化することに他ならないのです。同時に次の外国人就労者問題にも取り組むことが必要だと思います。
社員数（外国人男性）と対日本人社員との比率
社員数（外国人女性）と対日本人社員との比率
配属部署の生産性（部門長の該当社員勤務内容報告）
育成就労（該当者の関連報告）
特定技能（該当者の関連報告）
外国人のこれからの就労実態をモニターしていくことはとても重要なことです。それは長期的な就労形態になっていくからです。

3-2 宿泊部門売上比率

最も利益率が良い部門は宿泊部門でした。そして、客室は空間を売っているので基本的に原価はゼロでした。これを理解されない多くのホテルマンや経営者がいます。ホテルによっては客室内のアメニティーグッズ（歯ブラシや髭剃りやお茶など）を売上原価として計上する場合もあります。そして客室清掃にみられる費用は1年内契約の場合は変動費、1年以上は固定費です。この辺にも混同が生じます。料飲部門のように直接の食材仕入などはありません。また、客室は在庫が利きませんので売上の最大化を図らなければなりません。価格政策に沿って売り切る努力が必要です。今日の空室を翌日に持ち越すことはできないのですから。そして宿泊部門の対売上比率は重要指標という位置づけです。

宿泊部門売上比率＝宿泊部門売上高÷総売上高

総売上高に占める宿泊部門の客室売上は前述通り、基本、原価という変動費はありません。料飲部門で５０００円のステーキを１枚売れば、そのステーキの原価１５００円の30％が計上されます。この原価が客室には存在しません。ですからホテル所有者や経営者らはこの客室売上高に当然敏感になり、雨後の筍《たけのこ》のように部屋だけのビジネスホテルの開発に執心されます。ある意味、この過剰投資が参入障壁となる場合がありますね。

３‐３　ＲＦＭ理論

このＲＦＭという言葉をお聞きになったことはありますか。ある企業セミナーでのことでした。出席者は比較的若いホテルマンで11人という参加者のみでしたが、残念ながらこの理論を詳しく知っている出席者はいませんでした。一体、当社のお客様は誰なのか、またどこからいらっしゃってどの部門にお金を落としてくれるのか、そしてその頻度はひと昔前の「情報顧客管理」をより一層根拠に裏づけた理論がＲＦＭです。それでは詳しくこのＲＦＭを見ていきましょう。

情報顧客管理は、顧客のさまざまな情報を一括管理し、そして顧客の取り込みを促進していくものです。形こそ違っても多くのホテルや旅館はこの管理方法を駆使しています。ただ基本は同じであってもこれから詳説するＲＦＭ理論はより説得力があると考えられ、「誰が本当の良い顧客なのか」をあぶり出す手法として使います。初めに行うのは、その条件設定です。

例えば、最新の来館日を最近の３カ月とか１カ月以内とするか、利用頻度を毎週、毎月、半年とするか、それとも年間を通しての利用回数とするかなど条件はさまざまです。また年間利用金額をどう見てどう判断するかも重要なファクターです。例えば利用金額は上位から10位以内とするのかなどの判断です。この条件設定に近い顧客を選定して販売アプローチを有効的に仕掛けていきます。あるホテルは利用金額を一番の条件設定としましたが、必ずしも成功したとは言えない状況が起こりました。それは、一見客《いちげん》の一過性の多額利用金額をどう判断するかの問題でした。それよりも毎月何回も来館してくれることを重要視するホテルもありました。そんな中で最良の顧客は利用金額が常に上位を占めることを条件としたホテルも多々ありました。それは当然のことと思います。さらに利用頻度が最も重要なファクターだと考えられて、利用金額にかかわらず「足を運んでくれる」という事実を重く見るホテルもありました。そこで、次のＲＦＭを具体的に見てみましょう。

R　Recency（最新利用日）
F　Frequency（利用頻度）

Ｍ　Monetary（利用金額）

このＲＦＭ理論では確かに利用頻度は重要なファクターと思われています。ただ「Ｍ」の利用金額を中心に考えることも大事です。ただ１回の来館で多額の消費のみで終わってしまうお客様が良い顧客となってしまう、いわゆる、一見客のことですね。ここで強調したいことは、お客様の「累計利用額」です。それも「法人」と「個人」とに分ける手法です。宴集会部門の稼ぎ頭は断トツに法人企業で、その利用額の集計と分析もそんなに難しい業務ではありません。法人‐ＲＦＭと、個人‐ＲＦＭとに２別して分析されることも一考に値します。前述していますが、ここで力を発揮するのがＩＴ専担社員です。克明にデータを収集して顧客の実態を把握していく専門職ですが、説得力ある結果は、ＲＦＭをＭＦＲと換えたくなるほどにまずは累計年間利用額、利用頻度、そして最新利用日の順です。法人‐ＲＦＭでは年間累積利用額とともに年間累積人数も大変重要という判断です。

３‐４　各部門売上構成

ここから、各部門の売上構成について述べます。同時に、重要業績評価指標の関連ＫＰＩをも見ていきます。まずは①宿泊部門からです。そして②料飲部門、③宴集会部門、④婚礼部門、⑤料理部門（厨房マネジメント）、さらに⑥としてそのほかの売上高と続きます。

①宿泊部門

1　総客室数（鍵数）＝販売可能客室数＋販売不可能客室数

販売可能客室数とは通常販売されている客室のこと、販売不可能客室数とは客室として販売できない客室のことです。例えば修理部屋、臨時の倉庫スペース、社員宿直室などです。ホテルによってこの辺の判断が異なる場合があります。要は客室として投資された空間であっても期中販売不可となった場合でもその期の総客室数（鍵数）と見なすものです。

2　客室稼働率＝稼働客室数÷販売可能客室数

分子は有償のみの稼働部屋でコンプ（無償）の部屋は該当しません。分母は販売可能客室数でこの稼働率が出ます。英語表示はOccupancy Ratio/OCCです。最も古典的な稼働率の見方です。なにしろ空き部屋数と部屋の稼働状況が即わかります。もっと言えば、平均部屋料金がわかれば速やかに宿泊部の月の売上額がわかります。

3　1室当たり平均収容人員数＝稼働総客数÷稼働客室数

1室当たりの収容人員数は大事です。ベッドが最大限利用化されているかです。資産有効活用に通じることですが、諸外国からの訪日客（インバウンド）を受け入れているホテルはほとんどの場合は1室当たり2名様利用です。要はベッド稼働が問われるものです。1室当たり平均収容人員数が1名以下であれば未使用ベッドがあるということです。客室稼働率と稼働人数の両方を見ることです。

4　機会損失売上高

「月間不稼働客室総数×平均客室単価×30日」で機会損失売上高が算出されます。最も忌み嫌われる数値ですが、これも重要なKPIの一つと言えます。高稼働のみに一喜一憂して「不稼働客室数×365日」という年間の非生産性の原因がいつも失念されます。不稼働客室数の推移が具体的にわかってくるとオンとオフに対して事前の対策を講じ、しかも部屋の出し入れとともに料金的にも柔軟に対応ができて「遊んでいる空間」を売ろうとする努力義務が旺盛になります。

1年という年間を通してホテルの残室数はかなりの数に上ります。売れ残った部屋は棚卸というわけにはいかないのです。売る機会を逸した部屋は単純に損失です。またインバウンド関連では、四季が日本とは全く逆のオーストラリアなどでは、彼らのオンが日本のオフですから商品化のための客室提供は容易くなります。このような海外の四季も業務知識として頭に置いておくべきだと思います。売れ残り部屋には知恵を絞らなくてはなりません。そしてこの機会損失が起きる原因を詳細に検証することが大事です。

5　平均客室単価（ＡＤＲ）＝客室売上÷稼働客室数

平均客室単価は重要指標です。国籍別の単価を知ることも重要です。同様に団体とＦＩＴ（個人）別、そして前出3Ｐの（販売経路）の自社予約窓口と旅行代理店経由などの平均単価も重要指標です。さらに男女別と地区・地域別と、これら客室料金の推移こそが宿泊部門の基本政策の柱になるものです。

ポストコロナで大切なことは単価だということは万人の知るところです。同時にインバウンドでは富裕層の誘致と滞在期間と国別ランキング、特に欧米諸国の取り込みとすべて料金政策が絡みます。つまり詳説すると、滞在日数が考慮された単価政策、客室空間がグレードアップされた富裕層向け単価、食事込みの単価政策など、単価引き上げは内外によらず、これからはマストのマターです。要は宿泊関連のセグメント情報です。セグメント情報には都道府県別も含まれますが、経験則からそれは重要マターの一つです。

6　販売可能1室当たり収益（レブ・パー／Rev.PAR）

計算式は、「Rev.PAR＝客室総売上高÷販売可能客室総数」です。客室総売上高を、ホテルが所有する全室のうちの販売可能な客室の総数で割ったものです。つまり稼働していない客室数も含まれるわけです。片やＡＤＲは販売された客室のみだけを対象とした数値です。つまりＡＤＲは平均販売単価であるのに対して、Rev.PARは客室稼働率も加味した客室の収入効率を示す指標であることです。ゆえに宿泊ビジネスの業績を評価する指標としては客室稼働率やＡＤＲよりも重視される傾向にあると言えます。極めて公平な見方の指標です。

客室稼働率も加味されるわけですから、厳しく稼働率と収入効率が見られるということです。「高稼働、高稼働と叫ぶな、空き部屋にも責任があるのだぞ」と忘れもしないあるホテル業界の大先輩のお言葉でした。これはまだこのレブ・パーが業界用語として知れ渡る以前の話でした。この意味がわからず、それがわかるまでずいぶんと時間がかかりました。ホテルマンとしてロンドンに私費留学していた青春時代の頃でした。

７　その他

宿泊者１人当たりの料飲売上と単価、都道府県宿泊者推移、観光客とビジネス客の対比、リゾート／都市ホテル滞在客の実態と比較推移、宿泊者年齢層推移、男女別推移、後述のインバウンド関連など、宿泊関連分析のＫＰＩは尽きないものです。要は、客室売上高の最大化という課題は尽きないということです。基本的に客室は原価はなしですから余計に稼働の最大化が期待されます。利益率が常に最大ですから。

８　インバウンドの宿泊部門への貢献度

宿泊部門の最後の項はインバウンドです。少なくともコロナ前は３０００万人以上の記録的な訪日客を迎え入れてインバウンドは絶好調でした。ある日東京の地下鉄銀座線に乗りましたが、日本人の乗客はたった５人であとは全部外国の方でした。前の席も後ろの席も、右も左も、聞こえてくる会話も外国語で、虚しく車内の案内だけが日本語でした。いささか違和感がありました。デイビッド・アトキンソンさんが、数字的な科学的根拠を示しながら「日本にとってインバウンドはとても大事」という多くの書籍を立て続けに著述されたのもこの頃でした。

そしてコロナが蔓延してインバウンドは激減しました。ようやくこのコロナは第５類になって収束気味になり、売上計画の全面見直しが必要となりました。このコロナ禍でホテル旅館も含めた観光産業や航空業界は大変な試練を味わうことになりました。コロナの感染猛威時期、休廃業や解散などを含めたホテル旅館の倒産件数は170件に上るとサイトで知りました。国内の5万5000件のホテル旅館は全部門の売上で大打撃を受けました。

このインバウンドという訪日客が外貨（お金）を使ってくれるのですから、外貨獲得で輸出産業になります。さらに2023年度のインバウンド消費高は5兆円と日本経済新聞で学習しました。これは他産業の半導体や自動車部品などをも上回るらしく、政府目標の15兆円を達成すれば自動車をも上回って、外貨獲得産業のナンバーワンになるらしいと側聞しました。

インバウンド15兆円達成のためには、前述した「売れる仕組み」すなわち「稼ぐ仕組み」を考案しなければなりません。コロナが明け、ホテル旅館業界へのこれからの期待度はますます大きくなっていくものと思われます。

なお、インバウンドのKPIを学習しておかなければなりません。それは、次のような訪日客対象のみの計算式と指標です。

1　客室稼働率＝訪日客稼働室数÷販売可能客室数
2　平均客室単価＝訪日客稼働室売上高÷稼働室数
3　訪日客数対邦人客数
4　1室当たり料飲売上高＝訪日客料飲売上高÷稼働室数
5　訪日客売上総計＝客室売上高＋料飲売上高

6　１室当たり売上高＝訪日客売上総計÷稼働室数
7　上位３カ国客室稼働率＝上位３カ国稼働室数÷全体客室稼働
8　上位３カ国客数対訪日客数
9　欧米市場対アジア市場
10　ＯＴＡ送客業者への客室提供総数と稼働総数
11　前述10の売掛金内容詳細

前記２の単価は後述する損益分岐点のところでも触れますが、利益確保とその増大にはこの分岐点を下げなければなりません。その一つが単価を引き上げることなのです。ポストコロナで機は熟しています。通常、単価の引き上げは難しいものですがマーケットは理解しています。つまりコロナからの解放で業界は死活問題から抜け出さなければなりません。それが単価政策であることがほぼ認知されているのです。詳しくは損益分岐点のところで説明します。

なお、ここで「11．売掛金内容詳細」に触れます。最近の例になりますが、インバウンドを集客していた多くのホテルに、多額の焦げ付きが発生しました。コロナが下火になり訪日客の回復基調に期待が集まり、同時に日頃の集客感覚に緩みが生じたのでしょうか。いわゆる〝海外物〟に売掛が発生して焦げ付いたのです。今回のケースは欧州に本拠地を構える大手のOnline Travel Agent（OTA）が原因と聞きました。テレビでは「これは旅行代理店ではない」と報道していました。諸外国にオンライン旅行ビジネスを全国展開する大手の会社で、対ホテルへの支払いが焦げ付いたらしいです。これは決して特異なケースではありません。

インバウンド業界にはいろいろな業種業態が存在していて、ホテル旅館と取引を行います。旅行を主催するホールセラー、ツアーオペレーター、そしてランドオペレーター（地上手配旅行代理店）などが介在します。当然、事前に部屋と料金を該当する代理店に提供して送客契約を締結します。その際に提供する部屋数の手仕舞いのカットオフ日数等の詳細事項も話し合われます。今回焦げついてしまった前受金や送金関連事項なども取り決められていたはずです。訪日客関連は100％事前の前受金か、チェックイン時に支払いが完了しているのが商習慣の常識です。なぜ今回は焦げ付いたのでしょうか。

インバウンド集客は、「①契約当事者は日本法人で、②日本の法律に準拠し、③支払いは前受金かチェックイン時に完了」が基本です。今回の件は支払いの遅延ですから、実態は売掛だったのでしょうか。実際の契約内容を見てみないと明確なコメントはできませんが、後日、「同社のシステムエラー」と仄聞しました。支払いは完済されて訴訟は取り消されました。

②料飲部門（レストラン関連）

1　摂取率

私が現役最後に勤務したホテルは大型の施設総合完備型都市ホテルでした。料飲部門も、和食、中華、洋食、そして最上階には鉄板焼きや会員制バーが設備されて、売上高も宿泊部門と拮抗していました。問題はここにあります。それは宿泊者の館内料飲施設での摂取率です。宿泊者の料飲部門における摂取状況は外食が好まれ、館内での食事は敬遠気味となります。せいぜい朝食のみの摂取でチェックアウトされます。そしてほとんどの場合、ホテル側の魅力的なランチや夕食内容を知りません。つまり、１人当たり１泊２日の料飲＋客室売上高の推移を常に注目していく必要があります。

コロナ後の令和５年中旬頃、業界はいっせいに客室料金を値上げしましたね。廉価だったコロナ時期に比べて本当に高くなりました。実は高くなったというよりも正常に戻っただけのことです。この時期に私はホテルマンの後輩に「同時に料飲も値上げをするチャンス」とメールで言及しましたが、値上げの便乗は良いことです。特に客室料金に夕食をつけて売ることはむしろ宿泊者には最終的に喜ばれます。この後輩は通常の夕食ではなくて料飲部長と協議して「ワンランク上の夕食」に仕立てて好評を博したらしいです。ホテルの食事は本来多少高値感があって、そして料理は料金以上においしいものでなくてはなりません。

現状は、しかし、朝食すら摂取しない素泊まり客もまだ多いです。これは、宿泊客を館内レストランにいかに誘導するかという大きな課題です。この誘導努力が指摘されますが、素泊まりのお客様に館内レストランでサービスされる全メニューを室内で見てもらう動機づけや、レストランでの特典恩典を提供して特に価格が魅力の食事つきパッケージなど、幅広い具体的な対応が期待されます。温泉地やリゾートホテルなどはほとんどの場合は２食つきです。それも食事内容は豪華なメニューです。事業形態が違うことは重々承知ですが、実はこの辺にヒントがあると思料します。

逸話らしいといえばそうですが、一考に値する話があります。それはある都市ホテルでの実験でしたが、年間ベースで雨の日は一体何日間あるのか、そして雨の日に宿泊されているお客様に館内で食事を楽しんでもらうにはどうしたらいいか、というアイデアです。わざわざ雨の日に傘を持って外食先を求めて散策することもないでしょう。雨の日は地区・地域によってまちまちですが、約1週間に1日は降雨らしいです。年間50週ありますから、事前に館内で確実に昼食や夕食を館内レストランで楽しんでもらうための準備を行います。これが波及効果を生むことになります。それは「ホテルの食事、おいしくて、そんなに高くない」がリピート化していくことでした。

この「雨の日作戦」を計画的に実践した東京の中型の都市ホテルがありました。いろいろ仕掛けも工夫してリピート化も目論んだアイデア商品で、これを真似するホテルも出てきたと側聞しました。梅雨は1カ月間続きますが、料理込みの客室料金はやはり摂取率が良くてホテル側の仕組み工夫が奏功しているようです。

同時に、重要な販売経路の代理店やOTAの協力も不可欠です。もちろん、自社のチャネルをどう活かしていくかも当然にして直近の課題です。宿泊して館内で食事もするということに価格以上の価値を見出せば、自ずとこの課題は前進します。その課題は、宿泊者＝外食、という固定観念です。前述の固定費もこの固定観念も両方とも「人の心に居座る」のです。だから固定と言われます。いったん座られると、そこから抜け出すことが難しくなります。予算編成にしても、居座られているので、宿泊者＝外食となって、外食のところが予算化されません。つまり初めから「負け戦」になってしまっているというわけです。

ステイケーションという言葉に出くわしたのはシンガポールでした。近隣の地区地域というホームマーケットに客室と料飲を売るという課題です。この課題は潜在需要と新規需要の範疇で、日本であればＪＲや地下鉄を乗り継いでホテルに宿泊して食事を楽しむということです。シンガポールでもStaycationというStayとVacationを組み合わせた造語で、遠出をせずに近隣のホテルに宿泊してホテルライフを楽しむ、一種の「贅沢な息抜き」というカテゴリーの商品が人気です。日本では新幹線に乗車せず、渋谷や新宿、さらには浅草や下町と。そしてコンビニもうまく使い、豪華な食事とそしてラーメン餃子も、さらにプールとジムとまさしく贅沢な息抜きで、１日目は飲酒と心地よいベッドが待っているというのがこのStaycationです。

日本ではこの種の「息抜き休暇」にまだ人気が出ているとは思えません。私の友人に、香港のある大手旅行代理店の社長さんがいます。ＳＡＲＳという感染症が世界に広がった時のこと、外国人が来なくなり、地元香港の人たちに香港の宿泊と観光を絡めたパッケージを販売して前年対比で売上をプラス化させました。苦肉の策から出たヒット商品となったのです。まさしく人間は「考える葦」です。地元の人に泊まっていただき、食事を楽しんでもらい、ホテルライフを満喫してもらう優れもののパッケージでした。このことは地元紙でも大きく取り上げられました。

もっともっと料飲売上は宿泊売上に肉薄しなければなりません。レストランが洋食、和食、中華、鉄板焼きなどの料飲施設が仕組み仕掛けとともに充実していれば、宿泊売上を凌駕するかもわかりません。またレストランの座席数や回転数にも注意を払って、多様な料飲販売を実施し、さらに今までにはなかったテイクアウト商品や宅配などの「席がない」売りの新種もホテル業界に積極的に取り入れるべきです。これは外食ではすでに当たり前の売り方ですが、ホテル業界ではどうでしょうか。著名なホテルのランチや夕食メニューが自宅まで配達されるということです。宿泊者＝外食と決め込んで予算が編成されがちですが、過去の商圏にただ依拠しているだけではこの課題を克服できません。宿泊者＝館内食と言いましょうか。お客様はすでに館内にいらっしゃるのですから。料飲営業面積上の効率性と営業面での販促活動とを、改めて次項で詳説したいと思います。次のＫＰＩはまことにシンプルなもので、宿泊と料飲の売上の比較です。それは、**「料飲売上÷宿泊売上＝1」以下なのか、以上なのか……**です。

2　単位面積当たり売上高

料飲部門の効率性と生産性を単位面積当たりで見る指標です。私は単位面積よりもむしろ分母に客席数を用います。同時に、座席の配置図の工夫でよりこの生産性が高まります。効率の良い座席配置図は売上計画の基本で、加えて什器備品や厨房機器などもメニューや料理に準じながら常に改善投資されるべきものと思います。施設という装置は「動き」があってしかるべきものです。

どういうことかと言うと、絶えず需要環境や売上の多寡に準拠しながら、期中において店内内装・改装や改築などの改善がなされていくものです。現状に依拠することは停滞を意味します。そして改善投資の初年度売上は常に目安を30～40％増におくものです。もちろん、何を提供するかのＡＢＣ分析は必須で、特に売れ筋商品については必ず商品サイクル論に準じて新メニューを合わせ考慮します。また、固定商品と変動イベント商品はＡＢＣ分析の結果時に検討するのではなくて常時考えていくものです。常時商品関連の検証作業は売れ筋と顧客動向とそしてマーケティング活動を中心に継続されていきます。

１席当たり売上高＝料飲売上高÷客席数

席回転率(回)＝１日の客数÷客席数(各朝食／昼食／夕食)

これは１日に何人のお客様が席につかれたかの回転率です。つまり保有席数に対する１日１席当たりの席使用率ということです。館内レストランごとに席回転率を見ます。席数、回転率、単価、売上高、固定費、変動費と比率、そして後述する損益分岐点関連など項目ごとに検証すると同時に、全体像を見て相互に関連してくる実態像を把握・理解するものです。

１席を売る努力、施設内全席を売る努力、空席を売る努力、そして単価への比重と、それは宿泊の空室が機会損失を生むように、料飲の空席も機会損失を生んでしまいます。この機会損失は財務諸表には表れません。しかし管理会計です。内部資料としてしっかりと機会損失に対峙してください。損益計算書内の当期純損益の下欄に機会損失を勘定科目的に計上してみてはいかがでしょうか。

機会損失――宿泊部門（月間空室数×平均客室単価）

機会損失――料飲部門（月間空席数×平均料飲単価）

私は外国の航空会社に在籍した経験があることに触れましたが、ホテルも航空会社もスペースビジネスと言われます。つまりスペース（space）を売っているわけで、売れなくともロスという損失の概念が希薄で直接的な実害がないことがゆえんでしょうか。しかしこのスペースに多額の投資をしているわけで、売れなければ回収が進んでいないことを意味します。

3　女性客

女性客と女性社員の題材はこの業界において珍しいマターではありません。この意味は、まず女性客を対象とした販促活動は新しい切り口が必要です。複数の女性客が繁々とホテルに立ち寄ってランチを楽しむ光景、あるいは女性客に落ち着いた静かな空間を楽しむ場の提供、またホテルは特別にして特殊な時のみに使用するところではない日常的に通うところなどの「理由づけと動機」が、潜在需要や新規需要を生んでくれます。

まだまだ男性客が主体なのがホテルです。男性客と女性客の売上対比には相当な開きがあるようです。これは女性対象の商品の品薄が基本的な問題です。この解決には女性の特性をきちっと理解しなければなりません。ひと昔前、銀座界隈でしたが、喫茶店に友人と入店しました。なんと店内は女性客で満席でした。これはハイティーでたくさんのケーキ類が、今で言う食べ放題さながらに女店員によってサービスされるものです。この時に「これがなぜホテルにないの」と考えましたが、これは固定観念のなせるもので、本質的に「これはホテルのものではない」という業界の声みたいなものがあるからです。

対女性商品の枯渇問題でもあります。すなわち、新規女性客とか既存女性客というカテゴリーをあまり耳にしないように、女性対象マーケット活動と対象商品を業界こぞって創造していくことが切に望まれるわけです。

デザート摂取率＝デザート売上高÷料理総売上高

という計算式がありますが、たかがデザート、されどデザートでしょうか。最後の締めくくりは、それは最初がオードブルで始まるようにデザートで終わります。この項の冒頭に「新しい切り口」と指摘しましたが、女性の商品開発のコーディネーターのような職種が必要だと思います。それは新需要開拓とホテルに来館する理由づけと、動機を創出するための女性幹部社員の登用が必要ということです。コンシェルジュなどは女性社員を多く見受けます。それは接客だからです。料飲部門にはぜひこの商品コーディネーターを任命・兼務すること奨励します。女性特有の鋭い叡知が商品開発に貢献してくれるはずです。

なお、蛇足ですが、デザートのDessertsを逆に右側から反対に読めばStressedとなります。

つまりストレスを感じているという意味で、デザートを楽しめば、ストレスの緩和になるという教えです。一理あります。栄養学的にもそれは事実らしいです。

4 料理料飲部の女性(幹部)社員

料理部で女性の幹部社員を任命することはある意味正解です。高級鉄板焼きで女性を登用した経験がありますが、固定観念というものがこれを拒もうとします。そもそも、男性の分野とか女性の分野などの基準は基本ないのです。この鉄板焼きはコック服の女性社員がいかにも楽しそうにお客様と話をしながら鉄板の上の肉や海鮮料理を調理します。これはホテルの特徴の一つで、お客様に、即、自社商品を提供するわけです。作る側の「感性」が、即、お客様に伝わります。料理人材がホテル業界において特に人的資本と言われる所以でもあります。料理に従事する人材とホテル旅館総数の対比では人員不足ですし、特に厨房において女性が活躍できる職域が広がればと思います。

今、ホテル旅館業界は人員不足です。特に厨房スタッフです。これからの課題として、それを補強してくれるのが女性社員です。厨房において女性社員が多く見られるのがデザート部門でしょう。メインキッチンには女性社員は数えるほどです。誰がこのようなおかしなルールを導入したのでしょうか。不思議な現状です。改善していくべきでしょう。

また飲料関連で、女性のバーテンダーを任命したことがあります。これが評判となり、飲料売上も前年対比でほぼ2倍になりました。古参の男性バーテンダーと新参の女性のバーテンダーとの違いは、古参バーテンダーは酒を作り、しかしトークは上手とは言えませんでした。いわゆる、職人気質でした。女性のバーテンダーは売上に固執し、カクテルの開発にも没頭し、トークには必ず笑顔があり、しかし饒舌でなく、酒はもちろんのこと特にラジオを通して会話の勉強をも行っていた、と後から知らされました。同時にお酒のおつまみの考案にも勤《いそ》しんでいた模様です。ソムリエの資格取得は言うに及ばず、各レストランを巡回しながらワインなどの促進にも積極性を発揮し、自ら職務規定を塗り替えるほどの働きぶりでした。

しかしこの働きぶりにも積み残しの課題がありました。それは宿泊者の飲料売上と外来客の顧客化です。この問題は先にも触れた通り、宿泊者は外食を好むという実態対応、そして外来客の来館頻度に応じて飲料売上の努力義務が、自然増そのものを凌駕していきます。同時に外来客の顧客化にも通じていくことになります。

宿泊者1人当たり飲料売上＝飲料売上÷稼働人数

外来客1人当たり飲料売上＝飲料売上÷外来客数

この飲料の売上増は「料飲スタッフ」によります。つまり飲物1杯を売るという努力義務の難しさは自然増を克服して初めて評価されるものです。

別の角度からですが、この「ほろ酔い気分」の外来客に、即、温かい湯とベッドを提供するアイデアの話です。空室は在庫が利きません。この空室を格安でその晩に売り切れば機会損失を1室でも抑えることができます。逆に部屋の単価に拘泥するホテルもありますが、結果は、前者は機会損失が減って稼働と売上が上がり、後者は機会損失がそのまま残ります。飲料は売上を伸ばす工夫があまりなされません。置き去りにされた部門とも呼ばれ、事業内容そのものの見直しから着手しなければならないと思います。

5 テイクアウトの定着化

コロナでテイクアウトは常識化しました。「テイクアウト率＝テイクアウト売上高÷料理総売上高（施設別）」でテイクアウトの成長率が出ます。コロナで3年、ホテル業界の減収減益は酷いものでした。そして世間では苦肉の策としてこのテイクアウト商品が考案活性化されました。すでにテイクアウトは定着しておりますね。つまりテイクアウト商品の本格的にして継続的な取り組みと、さらなる価格帯と販促活動の定着化が期待されます。

これは前述した5Ｐに通じます。コロナが生み出したまさしく新種の売上方法ですが、ホテルでもこのテイクアウト商品を前進させて活性化させ、商圏を大きく拡大していって商品としての定位置を確保してほしいものです。内実はテイクアウトを進化させたのは外食産業でした。ホテルはこれからですね。新しい切り口としてのこのテイクアウトをしっかりとした需要として育てていってほしいものです。

6 損益分岐点

料飲部門では、損益分岐点の分析が特に有用です。それは、赤字なのか黒字なのか、そのための最小限の売上を予想する分析指標です。同部門は売上構成比率が高いため黒字であれば自ずと費用の回収と利益の確保に専念します。つまり売上高が費用を超えれば大きな利益が期待できます。

費用とは総費用の固定費と変動費のことです。

変動費は売上に準拠し、固定費は売上の多寡にかかわらず一定の費用として発生します。これがポイントです。この変動費の代表格は料飲原価でしたね。「１‐７　売上原価」を参照ください。

次に限界利益について説明します。これは売上高から変動費を引いた利益のことです。式は「売上高－変動費＝限界利益」でそこから固定費を賄い、さらに売上を伸ばして利益を上げれば良いことになります。損益分岐点売上高とは損も利益も出ない売上と費用が一致する点のことです。この事を認識しながら利益幅を拡充していきます。

ここで損益分岐点売上高の計算式と、この式が持つ重要な要素を学習します。そして実際の数字をも当てはめてみましょう。

損益分岐点売上高＝固定費÷{1－(変動費÷売上高)}

固定費－F(34,000,000)

変動費－V(46,000,000)

変動費率－r(0.554)

売上高－S(83,000,000)

まず変動費です。変動費4600万円÷売上8300万円＝0.584で、限界利益率は1－0.554＝0.446となります。固定費３４００万円をこの限界利益率で割れば、７６２３万円という損益分岐点売上高が出ます。

また、この分岐点を下げれば利益が上がります。それは単価の引き上げ、変動費の引き下げ、固定費の引き下げなどを行うことです。

この項の締めくくりとして、関連する３つのことに触れます。それは固定費と変動費、そして利益のことです。本稿でも再三登場していますが、この損益分岐点は固定費に大きく依存します。売上から変動費を引いた後の利益が固定費をまかない、さらに利益の創出に貢献してくれます。貢献利益（変動費後の利益）とも言われますが、この固定費の管理こそが第一義的な損益分岐点の要素です。

料飲部門ではメニューの調整や価格設定の見直しなどで価格の最適化を促しますが、それは変動費を下げることにつながってくれます。コスト管理と品質管理という2つの管理をするということです。品質良好が売上を上げ、同時に売上が伸びれば逆にスケールメリットも働いて変動費が下がります。これらの管理業務は需要を呼び込んでくれます。

次に、利益率についてです。理解してほしいことは、損益分岐点を学習すれば、分岐点後の売上がより高い利益を生んでくれるということです。つまり損益分岐点という「山」を越えた時には固定費がすでに吸収されているため、利益幅がさらに膨れてくれるという可能性がある

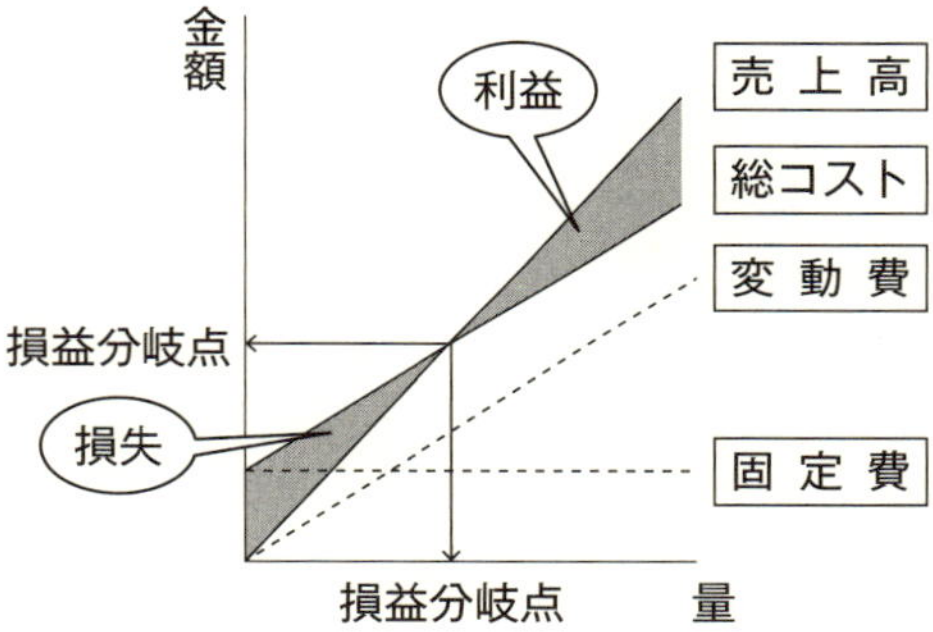

ということです。

売上は外部要因で変化します。過去3年に遡及して実績実態を検証すれば、何が良くて何が良くなかったなどがあぶり出されます。例えば季節の変動や災害（特にリゾート）、さらにイベント関連などで売上自体が大きく左右されます。損益分岐点を駆使すれば売上予想や利益予想などに適宜対応して、損益の安定につながってくれます。損益分岐点分析は有用な販促ツールです。

若いホテルマンにこの損益分岐点の説明を繰り返し詳説しましたが難解だったらしく、私は前述した①売上、②変動費、③粗利益、④固定費のこれら4つのことと「売上高>変動費＋固定費＝利益の拡大」を基本とすれば損益分岐点を学習したことになる、と説明しました。理屈は同じですから。

③宴集会部門‐1

1　企業情報管理分析表

婚礼も含めた宴集会部門の売上と利益は、事業形態にもよりますが、特に都市ホテルでは基本原価のない宿泊部門と拮抗します。なんと言っても宴集会部門は数百名単位と集客規模が大きく、集客人数×価格で1宴会当たりの平均売上高は館内レストランの1日相当分、あるいはそれ以上の売上高に達することも頻繁に起こります。マーケットはほぼホテル周辺と近隣の地元企業です。そこで把握しておかなければならないことは、宴会部門の利用形態と表題の企業情報管理分析表の使用のことです。つまり宴集会部門のセグメント情報です。

この利用形態は一般宴会から宴会場のみの利用などさまざまです。数百名の来場者の伴うカンファレンスのような大宴会場で行われる宴会や小規模宴会など、また逆に数百名規模のコーヒー紅茶だけの国際会議や著名な企業の立食パーティーなどと多種多様です。ただ大人数の立食やバイキングの形態は売上も利益率も高く、準じて相応に変動費もかかるものの、この料理原価は安くなる傾向があるのです。いずれにしても集客量とその集客力です。展示会関連の形態は、言うなれば「場所貸し」のみで料飲はなく、原価もなく、基本的に人員配置もなくて、利益率は良くなります。これは会議などにも同じことが言えます。一番良い形態は、会議とともに宿泊や料飲が伴うものです。注目すべきは配膳の人件費です。

ここで、重要指標となる自社の「企業情報管理分析表」の活用と内容に触れます。企業のあらゆる情報が開業時から累積されているものです。それは売上と利益とそして関連コストの把握で、その相手は目と鼻の先の地元企業となり、そこに販売アプローチを仕掛けるのです。もちろん同業他社との競争原理が起こります。競争には勝たねばなりません。そのためのこの詳細の「企業情報管理分析表」の存在です。

企業情報の内容に添いながら販促体制が敷かれ、かつ、競争相手を凌駕しているかどうかです。企業情報管理分析表は一過性ではなく、いうなれば企業の創業時からの歴史沿革の累積分析でそこからホテルを利用する時期などが読み取れ、関連しての価格帯や企業の業績のあらゆるニーズが浮き彫りにされることです。つまりホテル側の営業販売活動に通じてくれる重要な情報が満載であるかどうかです。要は自社用にカスタマイズされているかどうかです。企業情報管理分析表は科学的根拠があることが必須です。

２　未使用機会損失

未使用の宴会場は機会損失の世界に通じます。売る機会を逸したのですから、それは客室の空室に該当し、売れたはずの空間が未使用ですから機会損失です。ただ客室と違い、宴集会場は面積が比較にならないほどですから同損失は多大になります。このことを関係者全員は理解しなければなりません。売れるモノを売り切れない、これが機会損失でしたね。この事態を克服しなければなりません。１年３６５日の未使用宴会場を勘定してみてください。そして売ることの大切さを再認識してください。

この宴集会部門の重要指標はシンプルです。それは前述の企業情報管理分析表に記載されるカンファレンスなどの年間／月間催行件数と出席者人数、そして会場施設利用料と1人当たり平均料飲単価などの詳細な分析と統計などのことです。特に大宴会場を設けている稼働状態です。日本で開催されるアジアを含めた海外のカンファレンスや国内で開催されるイベント関連情報など、日頃からの情報収集がまず基本活動です。この情報収集の中の項目に自社獲得件数が含まれていることが重要です。つまり分子の自社獲得件数と分母の開催総数のことです。言わんとしていることは、獲得にならなかった不稼働率です。宴会ビジネスの成否は、稼働数よりも不稼働数の実態です。

3　宴集会関連指標

（大・中・小）宴会場の年間／月間1会場当たり催行件数と各平均単価などの計算式も、シンプルですが重要です。「1件当たり単価＝宴会売上高÷件数」と同時に、売上利益の検証は必須です。売上高が大きければ大きいほど、売上利益を算出検証しておくことは非常に大事です。つまり食材原価率のことです。また、婚礼関連では言うまでもなく、料飲売上のほかに引出物、写真、貸衣装などの付帯売上などの内訳分析が大事です。付帯売上は専門業者との契約に準拠して支払いが行われるので、通常は原価計上になることに注目です。また月ごとの1婚礼の売上高と、「1人当たり平均単価＝売上高÷婚礼出席者数」などの重要指標があります。婚礼関連で再度後述します。

各種会議（定例会議含）の月間件数と各人数と平均単価、そして前述通り、宴集会部門と料飲部門は2別されて原価率と利益を分析管理しなければなりません。両者は事業内容が違うのでそれぞれの徹底した計数管理を実施することが大切です。同じ料飲だからといって両者を一緒くたにすることは正しくありません。

同時に宴集会出席者の客室利用状況をモニターしておくことも大事です。特に大宴会場出席者の客室利用は、県外からの出席者が多い場合があるので。そして「宴集会平均単価＝宴集会総売上高÷宴集会出席者総数」で、１人当たりの売上単価が出るのでそれをモニターしていくことも大切です。最後は宴集会関連年間稼働曜日と稼働日、そして各企業のいろいろな旗日を押さえておかなければなりません。宴集会業務には緻密さが要求されるのです。相手にしているのは売上最大化の宴集会部門だからです。なお、これら宴集会関連指標すべては前述の企業情報管理分析表に表れなければならないものです。

４　料飲関連・それぞれのマーケット

料飲と宴集会のそれぞれのマーケットを詳細に見てきました。まとめますと、部門別損益計算書では料飲部門と宴集会部門の売上は別々に計上されます。通常の損益計算書の場合は一括計上されるので注意です。両部門とも提供されるものは料飲ですが、その事業過程やマーケティング活動は全然違います。宿泊、料飲、宴集会と見てきましたが、この3部門のマーケットをまとめておきます。

a　宴集会部門／販売市場は主に地元企業と近隣企業。
b　料飲部門／販売市場は不特定多数の地元の一般の人たちと宿泊者。
c　宿泊部門／販売市場は全国各地とインバウンド。

宴集会部門における例えば販売関連社員は人件費の固定費ですが、彼らを目の前にして次のように言ったことがあります。それは「君らは変動費、唯一、売上と利益の増加をもたらしてくれる、つまり君らの努力実績は完全に売上と利益に準拠する」と。これは屁理屈でもなんでもなく、宴集会部門の売上規模を考えた場合、それはもはや固定費の類ではなく、変動費として捉えるべきです。つまり売上の多寡が社員に大きく依存していて、そのことを宴集会営業社員は自覚しなければならないということです。

④宴集会部門－2

婚礼は重要な宴会の中の商品です。特別な商品、と言い直しても過言ではありません。業界に「婚礼のプロ」と言われる同僚がいますが、企業寿命30年の節目と言われる中で婚礼もこの「30年ごとの大きな周期」を迎えていると指摘しています。昭和時代の東京オリンピックが契機です。東洋の魔女のバレーボールやマラソンのアベベの時代です。この頃から結婚披露宴がホテルで行われ、業界を代表する花形選手のような存在になりました。時を経て、時代はウィンドウズ95の出現でパソコンが普及し始め、新郎新婦自ら情報収集が可能となって、平成初期頃からいわゆる媒酌人を立てることがなくなっていった、とこのMr.プロは指摘されていました。つまり、媒酌人の存在の希薄化と同時に、この婚礼自体の変容とその存在の多様性が存亡の危機を促したとも指摘されておられたのです。

この存亡の危機の意味とは、昭和、平成、令和と3時代において婚礼はあまりにも劇的に変容変質しつつあるということです。前述通り、この状況は商品サイクル論をして成熟期から衰退期に突入してしまっているのではないかと推論していますが、指摘通り、商品は必ず成熟期～衰退期前には改革されるべきものなのです。それでは詳細にこの婚礼の実態を見ていきましょう。

まずコロナで業界の売上は婚礼も含めて激減しました。令和5年頃に5類移行でコロナの隔離措置は終わりました。外出の自粛要請も就業制限もなくなりました。それではホテル婚礼の直近の展望はどう推移していくのでしょう。全体では全盛期に近づくと思われますが、婚礼部門は良くて7割程度と言われます。婚礼は、日本の場合、当事者たちの即決で「すぐに挙式」とはならないものです。５類移行以来、すでに半年近くが経過していますのでむしろ来期に向けての対策となると考察します。これはレストラン婚礼（11％）、ゲストハウス（15％）、そして専門式場（45％）、そしてそのほか（３％）も同様に該当していくものと思われます。なお、課題として婚礼使用占有率は専門式場がトップで続いてホテル婚礼（26％）です。ホテルウエディング（以下、ＨＷ）は2番に甘んじています。まずはその差を縮めることの分析に着手することです。

聞き及んでいますがその差は大きく、実体を突き詰めての商品開拓こそが活路への一歩でしょう。なし婚やジミ婚という時代の趨勢をブレークスルーし、例えば「なし婚」からの第一歩はこぢんまりした少人数の「手造り婚礼」とそこからの切り口誘導と思います。HWの強みとそれが人生最大の式典という認識とその訴求こそが価格をも凌駕してくれるものです。やはり企業努力と自助努力の継続だと信じます。

婚礼は売上に準拠する変動費の食材と固定費の人件費で構成されています。しかしそこには「こだわり」みたいなものがあります。挙式は「華」であり、言うまでもなく人生の大きな節目でもあります。このホテル婚礼は文化でもあると前出のMr.プロは力説されます。そして氏は「ホテルの婚礼は存在感であってプレゼンスだ」とも強調されます。つまりホテルにとってはなくてはならない部門という位置づけです。ただし「改革改善」はマストです。決してお荷物的な存在になってしまわないことです。日本のウエディング市場規模は約2・5兆円と言われ、現在の婚礼のあり方や事業内容やビジネスの新基軸などが創造されれば、この規模は当然変化拡大します。それはつまり努力側が現状を打破せずの現状維持で、マーケット側のなし婚ジミ婚がなお続けば、婚礼の未来は継続的に「俯き加減」となってしまいます。この方向性の改革改善、同時に代替商品の創造という2つがこれからのテーマです。商品は基本的に「そこに価値はあるか」と問われ続けられるもの、そして価値は常に価格を上回らなければなりません。

これらの底辺に基本構造と言われる来館者数、成約率、組数、また人数と単価が存在します。そして売上を創出してくれるものは人数と価格です。機会損失という言葉に何度も触れましたが、売れる機会を遊ばせること、つまり婚礼を例にとれば、そのホテルの大宴会場と食事、その人数分と価格です。前出の変動費と固定費と、そして売上高という収益率を考えれば、遊ばせる実体と遊ばせせない実体では婚礼の機会損失はあまりにも大きな乖離と言えそうです。

起死回生という言葉がありますが、インバウンドはどうでしょう。インバウンドの復活が叫ばれ、またその兆しは見え始めました。コロナ前は三千数百万人の外国人が訪日していました。完全復活になって軌道に乗れば、このインバウンドは五千万～八千数百万人が見込まれると言われます。つまりスペインやフランスのような第１級の観光立国になるということです。国土交通省の外局の観光庁はこのことに心を馳せ、そして業界はこのインバウンドとホテル婚礼とを関連づける将来性に着手していかなければなりません。おもてなし以上のもの、つまり日本の文化、歴史、食事、四季、気候、芸術、美術、自然と風光明媚、神社仏閣、さらにアニメ、忍者、相撲、邦画、邦楽など諸外国にはない特質・特異・特有なものがインバウンド婚礼に融合していく先を今から見ていくことの潜在需要の発掘のことです。私の長女の亭主は英国人です。国際結婚でした。百数名の出席者が日本での婚礼に参列しました。英国人の新郎は「侍」の出で立ち、続いて餅つきを筆頭にいろいろな日本の文化が出し物として披露されました。将来的に外国人が日本のホテルで挙式を行うというそのこと自体が慣例化されればと思います。

業界は今からこのことに着手していかなければなりません。

⑤厨房

この項の最後は厨房関連です。事業形態にもよりますが、ホテル旅館業界は総売上高の半分以上が料飲部門と宴集会部門に委ねられます。そしてそれを支えるのが料飲の心臓部といえる厨房施設と料理を司る料理部全社員です。示唆しましたが、総売上高の50~60%以上を占める調理料理部門の人員不足の問題が現在深刻化しており、人材紹介のビジネスに携わる友人が、料理に直接関わる人員には絶対数があり、他産業からリクルートするわけにもいかない、と嘆いていました。可及的速やかに対応のできることの一つに、積極的に社内公募することも考えられますが、現行の待遇改善なしでは無理があるようです。つまり抜本的な労働環境の見直しでワークライフバランスの実践が必要なのです。それは文字通り仕事（ワーク）と生活（ライフ）のバランスです。ホテルはこれから先、これを踏まえて料理の重要性と価値を説くことです。

この線上の話ですが、私がよく存じ上げているある東北の都市ホテルでは「企画的な人事異動」と称してそれを実行した経緯がありました。それは異動の1年前から、①潜在能力を発掘、②奨学制度の樹立、③派遣や留学の奨励などを前提にした計画的な企画人事制度の確立というものです。そしてまず判明したことは「料理の世界は、別世界」と多くの社員が思っていることでした。また徒弟制度的な風潮で基本的になじめないことと「料理が大切な事業との認識」の希薄性という、これらマイナスのイメージでした。逆に若い女性からは「やってみたい」とか「料理は大好きなのでチャンスがあれば」と、また派遣や留学には大きな興味を示したというものでした。加えて、男性社員も女性社員も「手に一生の職を持つ」と好意的にして前向きな姿勢でした。人事関連でチャレンジ精神にあふれる同企画人事制度のこれら3つは、業界で高く評価されました。

もう一つの指摘事項は、「人事は採用と異動」のみが職務ではないということです。前述通り、ことの発端は料理部における人手不足が原因で新しい人事部の在り方が問われました。その発案内容は「人事企画部」というものです。新しい切り口を求めて、採用、異動、そして企画という3つの職務から構成される人事部を考案することです。前述の①と②と③は現行の人事の職務であり、指摘していることは「人事を企画する」というモノで、部門名は「人事企画部」です。内容の前に、この部門名から入っていきます。そこから内容を構築します。名前が示唆してくれていますよね。

加えて、料飲関連の最後に食中毒の話をします。これを執筆している現在、テレビでサプリメントの紅麹のことが盛んに報道されています。ホテルの料理はサプリメントとは違いますが、ただ口にするという点では同じです。広義の意味で、口にする商品は重い病気の原因を誘発し、悪くすれば死に至ります。どんなに気をつけていても忘れた頃に災いは頭をもたげます。「驕る平家」ではありませんが「食中毒という敵」に対して身を引き締めなくてはなりません。経験則ですが、現役の頃、ノロウイルス、カンピロバクター、アニサキスなどに対峙したことがあります。この食品衛生に関連するHACCPやISO22000などについては機会あれば次回の執筆としますが、食中毒の最も多い施設はレストランで、ついでホテルと旅館、そして原因別ハザードは細菌／ウイルスや動植物毒のフグやキノコ類です。なお、関連する衛生規範やガイドラインは厚労省です。

⑥その他

1　その他の売上

この「その他の売上」は、例えば館内自販機の売上とか電話代とかランドリーなどを意味するものではありません。ここでいう「その他の売上」とは「新部門と言えるほどの新設されるべき部門」という意味です。つまり新しい商機が創出されることです。また顕在需要の具体的な拡販体制もしかりです。コロナ禍の2年強で世の中が大きく変容し、企業の在り方、そして消費者ニーズの多様化と、さらに価値観そのものさえも変化してきました。例えば用度購買課の食材仕入は付加価値を生んでくれる基本的なホテルの生命線です。その取扱額を見ても原価率から見ても、これを一つの課に終わらせずに新しい事業を司る部門として格上げすることが容易に考えられます。用度購買という部署は生鮮食品から魚介類、さまざまな鶏肉類、乾物、果物など、すべての食品を取り扱います。

経験則からですが、用度購買にはいろいろな商機が見え隠れしています。また少子高齢化が起因していますが、「なし婚」や「ジミ婚」などと揶揄される婚礼の後退化は顕著です。反面、葬礼やお別れ会に見られる葬儀関係の取り込みは形を変えて新需要と生まれ変わる側面が見て取れます。同じようにテイクアウトというお持ち帰り、また宅配サービスなども量的にしてスケール的に新ビジネスとしてスタートさせることが可能です。

外食産業に比べてホテル業界は取り組みが鈍くて大きな販促活動が見えません。ただ部門的には例えば客室関連では売り方を見直して長期滞在型のお客様の呼び込みやステイケーション（ホテルに宿泊することがバケーション）など新しい宿泊商品が出始めました。異業種とのタイアップは過去にもたくさんありましたが百貨店などとのタイアップがそうでした。ほかにもタイアップのできる業種はたくさんあります。インバウンドはどうでしょう。アジア一辺倒ではなくて、米国欧州への販促強化です。フランスやスペインなどと競争するぐらいのぶ厚い観光資源と要素を日本は持っています。

観光庁は国土交通省の外局です。インバウンドを含め、今後、観光産業の発展を目指すのであれば観光「省」であるべきと考えます。観光がもたらす計り知れない経済的効果関連に政府は早く気づくべきと思います。

2 ポイント

売上の最後の項はポイント還元関連です。いつ頃からでしょうか、「なんでもかんでもポイント」が付与されるようになりました。ポイントが付与されないお店は昨今皆無でしょう。それでは関連する会計処理はどうでしょうか。簡易的な例題から始めます。家族5人でお父さんの誕生日と昇進祝いが重なって和食レストランで食事をしました。お爺ちゃんもお婆ちゃんも出席して全員で10人でした。そして会計はお1人様1万円の計10万円をクレジットカードで支払いました。同時にポイントが付与されました。特典の値引き10％が付与されましたが、店内での値引きはなく10枚綴りで1000円×10枚の1万ポイントが付与されました。この1万ポイントは再来店時に利用できるものです。

さて、この時の会計処理はどのようなものになるのでしょうか。この場合、まず和食レストラン側はこの10万円を全額売上に計上することはなく、売上計上額は9万円で1万ポイント分の1万円は、いったん貸借対照表上で「負債」処理されます。そしてお客様が再来館された時にこのポイントが使用されてこの負債が売上に計上されます。もしこのポイントが使用されないとか有効期限切れで未使用の場合などは、1万円は売上に計上されることになります。納得のいく会計処理だと思います。ただお店によってその取り扱いはマチマチだと推測します。

これからは「経営目線を養う」ということを意識してください。皆さんは今の今、損益計算書と次章の貸借対照表が繋がっていることの意味を理解しつつありますし、そのことが株主さんや投資家の皆さんへの配当原資になることの経緯も学習されつつあります。これが例えば純損失だと貸借対照表の利益剰余金が次第に目減りしていくことになります。こういうことを意識して理解しながら日常の業務を遂行する目線、つまり経営目線というものを養っていくことになります。

この損益計算書の章で見てきましたが、営業販売員もフロントの社員も、サイト運営社員も、そして厨房内でおいしい料理を作る社員も、すべての社員が実は数字に関与しているという事実があります。つまり企業人である以上、計数管理の精神が宿っていなければなりません。特にここまで学習してきたこの損益計算書は「売上」と「損」と「益」の利益フローです。社員の一挙手一投足がすべてこの損益計算書に直結していきます。

損益計算書を売上高から当期純利益まで上から順に勘定科目に準拠しながら学習してきました。どうでしたか。難しかったですか。難しいと思われた方は特に関連書籍や参考文献などを取り寄せて日頃の経営運営業務に役立たせてください。

次は、貸借対照表の学習となります。ＢＳです。それは財務の真髄みたいなもので、言うなれば「核心」です。一緒に挑みましょう。頑張ってください。

第2章　貸借対照表

1　貸借対照表とは

1-1　ホテルマンと財務リテラシー

財務三表の中の損益計算書に続いて、貸借対照表の学習です。宿泊関連業界では伝統的に損益計算書がいたく重宝がられてきた経緯傾向があり、現在もこの傾向は変わっていません。ホテル業界は総じて「財務リテラシーに弱い」と言われてきました。業界ではいまだに日頃から損益計算書だけしか見ないとか、ほかの諸表はあまり日常的には必要のないものと考えられている節さえあります。しかし、損益計算書のみの理解では不十分なのです。財務三表は一体化しており、しかもそれぞれが企業にとって重要な役目を担っているからです。このことを皆さんは深く理解され、読み進むにつれてその認識を改めてくれればと思います。

貸借対照表は企業の財務状況と特に安定度のことを教えてくれます。世のビジネスパーソンは貸借対照表に無関心・無関係ではいられず、経営に携わる人はそれを熟知していなければならないものです。

見方を変えますが、日本の企業のほとんどは中小企業に分類されます。多くのホテルや旅館業界も中小企業に分類されています。中小企業庁の報告によると、２０２１年6月時点で日本の99・７％は中小企業で、残り０・３％未満が大企業です。従業員数で見るとこの大企業が31％、そして個人事業主を含む中小企業で働く人の数が69％です。中小企業に携わるビジネスパーソンこそ、金融／財務リテラシーに強く、会社の収益性と安定性と、さらには日頃から将来性や展望などにも敏感に対応できる、経営業務の知識知見を体得保持しておくことは重要と教えてくれます。

この財務とともに大切なことは経済、つまり経営と経済のことです。私は、高校までに「経済と経営」の基礎を教育する必要性を切実に感じています。音楽があり、美術があり、体育があり、そして英語がありますが、最も生活の安定性の礎を作ってくれる企業関連のことと社会生活に関係の深い経済を、なぜ義務教育から十分に教えないのでしょうか。日本のＧＤＰ（国内総生産）の総額が一体いくらくらいであるか、自問自答してみてください。もしわからなければ、やはり経済というリテラシーに疎いということになるでしょう。経営に至ってはサラリーマンになっても財務関連に弱い人がたくさんいます。これは教育に関係しているのではないでしょうか。これからのビジネスパーソンは経営と経済の学習を肝に銘じて学習しておく必要があると思います。

1-2　まずは会計からと

私がホテルマンの駆け出し時代にロンドンのウエストバリーホテル（Westbury Hotel）とトロントのウエストバリーホテル（現、マリオット）に留学していた時のことです。上司から「まずはＢＳ（貸借対照表）Balance sheet から」と会計の英語の本を手渡されました。アイリッシュ（Irish／アイルランド）系の副総支配人兼経理部長（Accounts Manager）でしたが、ずいぶんと会計の勉強を奨励されました。会計の夜学にも通学しました。皮肉にもその後日本では会計とは直接関係のない部署に長く配属となり、またトロントから帰国後は航空会社の営業部の海外担当としてアジアを中心に飛び回る仕事に就きました。つまり会計とは全く縁のない仕事でした。

ただ一種の好奇心とトロント時代の会計知識から財務には興味を抱き続けていましたし、会社の状況を見ながら対策を立てることに怖気づくことはありませんでした。トロント時代の会計知識が大いに役に立ったのです。後日、バルブが弾けた時に「会社はどのような状況になれば倒産するのか」と新聞を熟読しながら学習したものです。

１‐３　景気の見方

昨今のテレビや新聞で、景気動向が微妙に貸借対照表や損益計算書ににわかに表面化し出していることを知りました。少し本題から逸れますが、２０２１年7月2日の読売新聞に「コロナ影響、二極化」として内閣府調査を基にした記事がありました。それによると、宿泊飲食業界は「ＤＩ（景気動向指数）でマイナス74」と数値化されておりました。逆に製造業はプラスで、グラフが右斜め上向きとなり、宿泊飲食業界の右斜め下向きの矢印との二極化という景気指数が詳説されていました。

英語のアルファベットで景気の実態が示されることがよくあります。ちなみに「Ｖ」はドンと落ちてグンと景気が回復するV字型、「Ｗ」は浮き沈みが激しい景気動向で使われます。そして「Ｌ」はドンと落ちてその不景気が長引くというL字型です。なお、最近、新たなアルファベットの回復型が加わりました。経済のあるセグメントが再び成長し始める一方で、ほかのセグメントでは苦戦が続く……前述のコロナ禍での二極化を表すK字型です。

自分の勤めるホテルの損益計算書や貸借対照表がどのように変化しているのかを必ず見てください。会計の学習を始めるとともに経済にも関心を持つことはとても大事で、喜ばしいことです。例えば会計では外部要因に起因することがしばしば起こります。そしてそれは多くの場合、世の中の経済に主因します。企業経営は経済に連動して売上や利益が左右されます。まずは毎日欠かさず新聞を読むことです。それは知の宝庫ですから。加えて、読書です。WEBサイトは見るもので一過性、読書は咀嚼《そしゃく》して味わうもので、両者は共存性があるものです。使い分けが重要なのです。

1-4 調達と運用の循環

これらの景気動向に関連しながら会社の財務状況を教えてくれ、経営戦略の方向性を明確に示唆してくれる一つが、「貸借対照表」です。卑近な例ですが、損益計算書の売上向上のための設備投資を実施すれば、その投資額と回収が自ずと経営課題になります。また料理部門の器具備品や大型厨房設備などの補強投資が売上増や原価減に影響が出るとなれば、損益計算書とともに貸借対照表の存在が大変重要になります。このように関連する投資額は財務財産状況を理解して初めて経営判断と行動指針がわかるというものです。

端的に言って、企業活動の根本精神は「投資と儲け」です。企業はお金の出所を探して調達し、それでもって儲けの道具の資産を運用し、投資活動を行い、帰結としてその回収と儲けを享受します。これが損益計算書に当期純利益をもたらしてくれて、後述する貸借対照表の利益剰余金に累積されます。これらすべての企業活動が財務諸表に表れます。この循環こそが貸借対照表を筆頭とした財務三表の真髄と言えるものです。

損益計算書は1年というくくりの収益性を見るものですが、貸借対照表は会社設立時からのすべての累積業績が詳述されます。例えば「第25期、第3四半期、取締役会」などと明記されます。そして学習した損益計算書の当期純利益が貸借対照表の純資産に毎年累積されて、設立時からの財務状況を見ることができるのです。

1-5　実は複式簿記

貸借対照表を理解することが企業やホテルや旅館業界の財務内容を理解することになります。損益計算書だけでは会社の借金の額や現金預金などの財産の実態が見えません。これでは財布の中身がわからないことと同じです。

皆さんは複式簿記という用語を耳にしたことがあるでしょうか。損益計算書だけでなく複式簿記によって導かれる貸借対照表の存在があって、初めて企業活動の正確度を知ることができるのです。財務三表（貸借対照表と損益計算書、キャッシュフロー計算書）は複式簿記から生まれます。損益計算書は売上と経費と利益の詳細を教えてくれる収益性について、貸借対照表は「会社の財布の中の財務財産」から「安全性と健全性」を詳細に見るもので、第3章で後述するキャッシュフロー計算書は、入金と出金というキャッシュの増減から会社の将来の展望をも読み取ることができるものです。

まずは自分の会社の貸借対照表を見ることを始めてください。自分が働くホテル旅館の貸借対照表を見たことがないホテルマンが多くいますが、そういう現実から抜け出して、財務リテラシーに強い真のホテルマンになってほしいと思います。**皆さんは損益計算書だけという単式簿記の世界から複式簿記の世界に入っていくことになるのです。このことを知るだけでもすでに飛躍と言えます。**

1-6　財務インフラ

ホテルマンを含むサラリーマンにとって、財務三表の理解は必要不可欠です。ホテルマンは客室という資産の稼働販売に明け暮れ、稼働率とＡＤＲとRev.PARに注力し、料飲部門では食材飲物に占める棚卸や買掛金や売掛金などに適宜対応します。また減価償却や減損処理にも、さらに設備投資で自己資本や借入金にも対峙します。財務三表、とりわけ、貸借対照表の苦手意識は「食べず嫌い」の感があります。企業にとっては貸借対照表を筆頭に、財務諸表は「財務インフラ」だと思ってください。

「インフラ」とはインフラストラクチャー（Infrastructure）の略称で、社会が経済・産業・生活を営むために不可欠な設備・制度・サービスを指します。例えば、水道電気、学校やダムや病院や道路、公園などがそれにあたります。貸借対照表は、財務諸表の中でも財務のインフラにして企業には欠かすことのできない重要指標という位置づけです。皆さんはとても重要なことを、今、学習されているのです。

私はセミナーなどで、多くのホテルマンに「貸借対照表は大丈夫？」と問いかけます。すると、「損益計算書はオーケーですが貸借ナントヤラはわかりません」と返事が返ってきます。同様に「勉強不足で詳しくはわかりません」と明確に言われる中間管理職の人たちも結構います。次に「会社が倒産するとはどういう状況？」と訊くと、これを案外説明できなくて、特に若いホテルマンの多くは「さぁー？」とまるで他人事です。貸借対照表のことを多少はご存じの、ある都市ホテルの上級職や支配人の方たちでも「借金が多過ぎるから」と言われました。ハズレではないのですが、回答には「流動負債」という勘定科目も、債務超過や現預金などという用語も出てきませんでした。またキャッシュフロー計算書については「それはキャッシュの出入りです」という、これまた外れではないのですがシンプルな解答でした。ＲＯＥやＲＯＡの話では「いや、わかっておりますから」と、涼しい顔でピシャリと話を遮られてしまいました。

やはり、貸借対照表を筆頭に、皆さんは会計が本当に苦手なのだ、と再認識しました。貸借対照表は、会社の財務財産状況を教えてくれる大事な財務三表の中の一つです。避けては通れないホテルマン必読必須の経営諸表と理解しなければなりません。経理部だけのものではないのです。

1-7 聞かぬは一生の恥

神戸のあるホテルチェーンの定例政策会議にインバウンド関連で招かれたことがあります。優秀な総支配人という印象でしたが、報告の順番が回ってきた時に、銀行からの出向社員の質問に答えられませんでした。それは、貸借対照表の勘定科目に関する質問で、単なる「棚卸資産と在庫」の質問でした。

「聞くは一時の恥、聞かぬは一生の恥」という諺がありますが、優秀であるが故に会計の学習に自ら蓋をしてしまっていたツケが廻ってきたのでしょう。この総支配人と話をしましたが「まず売上を見る、稼働を見る、原価率を見る、人件費率を見る、販管費率を見る、最後はGOP（営業利益）を見る」と、「あとは経理・会計に任せている」ということでした。つまり彼の世界は損益計算書だけ。しかも木を見て森を見ずの枝葉末節な経営姿勢、加えて、貸借対照表は部下任せという、経営実態を把握していないタイプの人でした。要は単式簿記の世界です。

なぜ財務諸表や貸借対照表などは難しいものと思われて毛嫌いされるのでしょうか。先述しましたが、学校教育に関係しているのでしょうか。今の中学校では会計は教えないようですね。高校では商業科では教えるみたいですが。世の人たちは会社に就職し、定年まで働き続けます。財務諸表などは働く限りは重要にして切っても切れない存在です。「八百屋さん」はしっかりと貸借対照表を作成します。野菜を仕入れ、在庫を検証し、価格交渉を行い、売値を決めてさらに買掛金の手続き処理を行います。また昨今、事業継承という言葉を耳にすることが頻繁です。事業継承こそ、売手も買手も貸借対照表は切っても切れない大切な商売道具です。要は、なくてはならないインフラです。それでも時として世の企業は、しかも大企業でさえも粉飾し、そして倒産もするのです。日頃から貸借対照表を筆頭に財務諸表を学習し、わからないことがあれば訊けば良いのです。それは強い「兜」になってくれます。

貸借対照表にこれから着手していきますが、目指すは業界の「レベルアップ」です。この本の目的も「ホテル旅館の財務レベルアップ」です。損益計算書、貸借対照表、そしてキャッシュフロー計算書を学習すれば、経営の見方、考え方、進め方が俄然違ってくることを自覚できるはずです。これからしっかりと学習してください。そうすれば、一生の恥、などということは起こりません。

2 負債の部――その構成

2-1 貸借対照表の構成

決算書とは「企業の成績表」みたいなもので、主に損益計算書、貸借対照表、そしてキャッシュフロー計算書（上場企業のみ提出義務）から構成される財務三表を指します。第1章の損益計算書は会社の「収益性」を詳細に教えてくれるものでした。そしてこの貸借対照表は会社の財務財産状況を具体的に説いてくれて「安全生と健全性」を明確に教えてくれます。まずはこの貸借対照表の構成からしっかりと学習していきます。貸借対照表は非常に重要な要素が内含されていて、内容が重複することもありますが、予め承知おきください。

巻末の図表6「貸借対照表-1」を参照ください。貸借対照表は、左の「資産の部」の合計と、右の「負債及び純資産の部」の合計が両者同額にして一致しています。文字通りバランス（均衡）しています。つまり、お金をどこかから借りてきてその額を右側に記帳する――いわゆる「お金の出所」、または「お金の調達」を右側に記載、そして同額をその使い道、つまり「運用」ということで左側に記載するものです。右側のこの「調達」と、それを運用する左側の「運用」とが必ず一致する状態でなくてはなりません。これが貸借対照表の基本の公式な計算式です。

資産（運用）＝負債（調達）＋純資産（調達）

会社の資産＝負債（他人資本）＋純資産（自己資本）

もう一度貸借対照表を見てください。前述通り、右側上には「負債の部」があり、その負債の部の下には「純資産の部」があります。この合計が調達された金額です。

そして左側にはそれを運用した「資産の部」です。これが貸借対照表の基本構図で、これからの学習の礎となります。それが次のように5つに枝分かれします。調達側の負債は流動負債と固定負債、続いて純資産です。先述の構成図のところでも出てきましたが、この負債とは他人資本、そして純資産は自己資本と言います。次項で詳しく説明しますが、実はこれが最も大事な貸借対照表の核要素と言えるものです。さらに詳しく見ていきましょう。

資　産	負　債
流動資産	流動負債
固定資産	固定負債
	純 資 産

２‐２　負債の部

前項の基本構図通り、負債の部は流動負債と固定負債と、そして純資産とで構成されています。まず冒頭、他人からの負債ですから最も大事な返済期限の話から始めます。それはワンイヤールール（One year rule）という会計上の規則のことです。会計にはいろいろな決まりごとや規則があります。借りたお金（借入金）の返済期限が1年を区切りとしていることで、利子の返済が2度滞るようなことになると倒産に傾倒していきます。例えば、金融機関からの1年以内返済の借入金、返済期限が1年以上の借入金、そして社債も同様に扱われます。その根本は1年以上か以下かという返済期限のルールです。

また、貸借対照表の負債の部の勘定科目の配列にも注目してください。上から下に支払義務の高い順に配列されます。要は支払いの重要度に照らし合わせながら配列されます。もう一度、添付の貸借対照表を見て理解を深めてください。自社のホテルや旅館、さらにできたら他のホテル旅館の貸借対照表をも学習して研鑽してください。ホテルの開業準備作業の「図面」を想像してみてください。図面と一口に言っても、平面図、立面図、断面図といろいろな角度の図面がありますね。財務の勉強をすることは、いつものように「平面図」だけを見るのではなく、経営という実態を見るために「立面図」や「断面図」などを見るのと同じです。企業経営の進み方を立体的に見ていく心構えです。後述のレバレッジ効果などは多面的に見ることの重要性を教えてくれます。そして、理解すれば貸借対照表が難しいものではなくて面白くて興味深いものとなってくるはずです。ぜひ、ワンランク上のホテルマンになってください。

次に本題です。貸借対照表右側の負債と下部の純資産が調達源泉です。巻末の図表6「貸借対照表‐１」に準じて説明していきます。まずは負債の筆頭は流動負債です。原材料や商品を買いつけた時の支払手形や買掛金、続いて未払金や未払費用などがこれにあたります。さらに短期借入金やコマーシャルペーパー（ＣＰ／短期の資金調達のために発行する有価証券）、決算日までに確定している分の賞与引当金、１年以内返済期限の長期借入金や社債も流動負債です。また、消費税や未払法人税も負債です。これら負債と、後述する株主さんからの出資と累積利益の純資産の総計を、総資本と呼びます。そして前述通り、これから説明する運用の資産とこの調達源泉が一致してバランスします。

この負債は銀行からの借入金や資金調達のための社債です。社債は投資家からの資金で、総称して他人資本と呼びます。ただし、このような返済義務の伴う有利子負債は返済能力を熟考しての調達が基本です。負債のあり方で会社は「おかしく」なって債務超過に陥ったりします。逆に、負債をきちっと理解しての借入れ調達であれば「おかしく」はなりません。純粋にして投資から回収に及ぶ企業活動です。

それでは、特筆すべき流動負債の勘定科目を次の借入金から筆頭に見ていきましょう。この有利子負債ですが、返済能力は返済計画に裏付けされるものです。借りたら返さなくてはなりません。つまり返済原資が底をついたらアウトです。

2-3　借入金

借入金とは有利子負債のことで、右側上部の勘定科目の代表格です。銀行からの短期と長期の借入金のことで、短期は返済期間が1年以内、長期は1年以上です。特に銀行からの借入金については必ず毎月の元金・金利返済総額と現金預金という、後述する手元流動性にいつも注目しながら「年間返済額」の支払計画を考えることが重要です。

左側上部の現金預金の流れと、売上高かつ売上利益の推移を見定めての返済計画が求められます。この年間返済額の支払計画はとても大事で、決済が2度滞ると金融機関との取引が停止になります。つまりお金を借りることができなくなって、事実上、経営危機に見舞われます。もう1度言いますが、慎重にして丁寧な「毎年の返済見直し計画」はとても大事です。投資家から調達する社債も償還期限を常に留意することです。銀行で決済される支払手形も同様です。損益計算書の支払利息も見ておく必要があります。

しかしおかしなことに「わかっていながら」会社はいつもこの借入に振り回されて財務的な不安材料に陥ります。借入には謙虚さと慎重さが求められるということです。借入金は負債です。反面、企業はこの負債を利活用して将来の投資や事業展開を促進させます。両面の「負」と「良」を慎重に検討しながら賢明でなければなりません。否ならば、負債は増えて投資は失敗したことになります。

2-4　有利子負債

この有利子負債が多くなり過ぎて仮に左側の資産の部を上回れば、それは債務超過で経営危機になります。後述しますが、この有利子負債を筆頭に、流動負債と左の流動資産とを比較する流動比率で企業の安全性を簡単に見ることができます。バブルが弾けた頃、この有利子負債が膨張してこれを返済できずに多くのホテル旅館が倒産しました。どの産業でも同じですが、有利子負債には慎重さが求められます。その上での投資活動であらねばなりません。どういう意味かと言うと、借入金という有利子負債は実は表裏一体で、それは将来に通じる利益の「前倒し」でもあるのです。

借入金は見方を変えれば投資であり、将来的に利益を生むという回収をも意味します。つまり借入金は投資の源泉であり、収益の源であり、利益という付加価値を生むものです。後でレバレッジ効果という説明も出てきますが、いつも無借金経営が良いということではなく、それだと「機会損失（利益を逸する）」が発生し続けることになります。逆に、熟考と分析検証の上の借金は、このレバレッジ効果で予想以上の利益をもたらしてくれるかもわかりません。

この負債の部の続きですが、自分の会社には一体どれくらいの資産があり、どれくらいの負債があるのかその内容を熟知しておくことは必要です。これからは「経営目線」で、しっかりと詳細に見るということを強く意識してください。

前述の倒産の話になりますが、この返済が滞ると、いわゆる債務不履行のデフォルト（企業の償還不履行や国家間の対外債務の支払不能）とも言われて倒産の危機となります。確か一昨年前の読売新聞で、中国の不動産大手の経営危機を巡り債務不履行の懸念が高まっているとの報道記事を目にしました。皆さんも何が起こったのか調べてみてください。

ここで**DEレシオ**という指標を説明します。デットエクイティーレシオというものです。なんだか難しそうですね。これは、後述の純資産の自己資本と有利子負債とを比較する指標です。レシオとは比較や割合という意味で、有利子負債の多さを返済義務のない自己資本と照合して判断するものです。この値が高いほど企業の財務状況は弱くなっているので、それは負債の返済能力の低下という安全性が問われるものです。つまり自己資本は企業の安全と安定度を見るものですから、後述するレバレッジ効果とこのDEレシオ両者は財務戦略の指標です。レバレッジは借入れの程度を見るもので、高いほど資産効率が良いとされていますが、財務リスクの低下を意味します。それはリスク管理と並行して企業の成長を見ていくものです。

倒産の話を続けますが、新聞を読んでいて「コロナ融資」という記事が目に飛び込んできました。これは「ゼロゼロ融資」というものです。コロナ対策の落とし子みたいなもので、実質無利子・無担保の融資が実施されました。その返済が本格化して一昨年来上半期の企業の倒産件数が増えてしまったという記事内容です。その中で特に最も件数が多かったのは外食や宿泊業だったらしいです。物価高や人材不足も足を引っ張った形です。

２-５　買掛金

支払債務の買掛金に触れます。ホテル旅館では食材飲料仕入ですべての仕入業者と詳細な仕入契約を締結して買いつけ作業を行い、後日仕入業者からの請求書で買掛金や支払手形の債務計上となります。経験則ですが、未締結の仕入業者でも仕入関連ではまずは一考します。買いつける側としては、間口は大きく広くして好条件で取引すれば良いことです。

また、この買掛金は次項の「資産の部」の売掛金と一緒にセットで学習しておくことが賢明です。買掛金で債務が立ち、売掛金では債権が立って、買掛金よりも売掛金の方が多い場合等は要注意です。焦げつきなどの恐れや債権回収が難しくなっての不良債権化の状況です。また買掛金の支払い条件と売掛金のあり方そのものにも注目して、見直しの有無にも留意しなければなりません。そして買掛金は債務で後払いの負債の部、売掛金は逆の債権で資産の部で両者は無利子です。なお、売掛金については「資産の部」のところで改めて触れます。

私は買掛金ではその支払いと相対の売掛金の回収に留意します。入金と出金のキャッシュフロー計算書に関わることだからです。同時に買掛金は棚卸資産と密接に関連しています。買掛金は債務で棚卸資産はお金です。ここにバランスという管理が必要となります。総じて、買掛金、売掛金、そして在庫はそれぞれお金が循環することです。

2-6 未払金と未払費用

支払いが確定しているがまだ未払いの状態であるのが未払金、未払費用は支払期日までに支払う債務のことで、つまり費用の発生と支払のタイミングのズレが生じることです。両者を支払手形と混同しないようにしてください。支払手形は食材買付のような本業の取引に係るもので、特定の日に支払うことを約束されたものです。

2-7 引当金

「支払義務が予想される」引当金の一つに賞与引当金があります。予算に準拠しながら、決算日までの支払いが確定している額を引当金として流動負債の部に計上します。また、退職給付引当金も決算日までに確定している分を次項の固定負債に計上します。似たような勘定科目が貸倒引当金です。この引当金は回収することが難しい債権や、日頃から取引のある会社が返済能力不可となって取り立てがほぼ困難となった債権などのことです。これは後述する流動資産の部の「貸倒引当金」に資産のマイナスとして認識計上する科目です。負債の増加とは認識されないことに気をつけてください。

同時に、ホテル旅館は装置産業で、施設・設備の劣化対応で予算上予め引当金を計上しておくことも大切です。ただし、この場合でも費用化の発生可能性が高いです。特に海のリゾートホテルなどは劣化が早く進みます。引当金に計上するには合理的な根拠と見積もりが必要です。

２‐８　レバレッジ効果

借金の多い会社が一概に危ないとは言い切れない場合もあります。借金という負債は、一般的には少ない方が良いのですが、違った見方もあります。それは「レバレッジ効果(Leverage)」というものです。

企業には「良い借金」というものがあります。端的に言うと、借金をしてその借金でより効果的に儲けるという意味で、無借金の状態の時よりも儲けを大きくすることです。これは「てこ」の原理で、大きな物を動かす力のことです。要は借金でもって大きく利益を伸ばすことの意味で、このレバレッジ効果をうまく利用することを指します。ですからいつも無借金では企業活動が萎えてしまうことの意味です。この状況は機会損失や成長損失に繋がってしまいます。「２‐４　有利子負債」でも言及しましたが、参考で２０２１年の読売朝刊4月29日の記事を見てみたいと思います。レジャー産業大手の初赤字を伝える内容ですが、そこに有利子負債についての説明がありました。

「企業が調達するお金のうち、利子（金利）をつけて返す必要のある負債を「有利子負債」と呼ぶ。一般に、有利子負債が多いほど、財務体質が悪いとみなされる。

銀行からの借入金のほか、社債を発行して調達した資金などが代表例だ。借入金は、1年以内に返済する必要がある短期借入金と、返済までの期間が1年を超える長期借入金に分けられる。

ただ、必ずしも有利子負債が少なければいいというわけではない。事業の成長が見込める場合、積極的に資金を調達して投資する方が、多くの収益が期待できるためだ。」

（読売新聞　2021年4月29日掲載「【わかる決算】有利子負債　財務悪化の目安」、傍線部筆者）

傍線の箇所に「必ずしも有利子負債が少なければいいというわけではない」と書かれています。これはすでに説明したレバレッジ効果の一つです。投資とそれに伴う借金と、そして事業規模の拡大と回収と、正しくビジネスは貸借対照表に如実に現れます。投資と借金とその回収のバランスが指摘されていくものです。つまり借入を行い、積極投資を進めてさらなる収益を目論む理論のことです。これがレバレッジ効果というもので、「正しい時期に、正しい投資を、正しい借入金で行う」という企業理論です。

簡単な計算式です。①自己資本のみ、②自己資本と借入金、との場合で両者を比較検討してみます。

①　自己資金は1億円のみで4％利益の事業に臨むとします。そうすると、「利益＝1億円

×４％＝利回り400万円」です。

②　自己資金１億円のほかに、３億円の借入金を用意し、金利は４％とします。この場合は、「利益＝４億円×４％－（金利３億円×３％）＝700万円」で、利回り７００万円の投資効果です。投資状況や企業形態で事態は変わってくるものですが、これが「てこ」の原理が働いて大きな「岩」を動かしたわけです。『たった３つの公式で私でもわかる決算書』（別冊宝島１９７２）の中で、著者の中尾篤史氏が著書で記述されていますのでぜひ参考にしてみてください。

このレバレッジ効果で追記したいことがもう一つあります。それは「銀行は晴天では傘を貸してくれ、雨が降れば貸してくれない」と企業への融資姿勢が揶揄されますが、正しくないということです。現在の金融機関は積極的に融資を後押しし、さらに政府系の日本政策金融公庫や商工中金、また信用保証協会や地元自治体からも支援をしてくれます。もちろん、企業側の成長性や生産性と金融機関側の諸条件との適合性も審査されます。レバレッジ効果は「正しい時期に、正しい投資を、正しい借入金で行う」投資理論からもたらされるものなのです。

２‐９　固定負債

ここで、固定負債の定義に触れます。固定負債には債券などを発行して一般人や投資家から借金をする社債があり、１年を超える長期借入金があり、確定している部分の退職給付引当金などがあります。これら調達された流動負債と固定負債の他人資本とで事業に着手するわけです。重要なことは流動負債も固定負債も「1年」という期間を基準として定められていることです。つまり流動負債の中の1年以内の返済物や1年を超える借入金など「期間」に常に留意しなければならないということです。このことをしっかり学習してください。

まず、「固定資産＜純資産＋固定負債」という計算式に沿って1年以内に返済します。この固定負債はその返済期間が1年以上です。これは私の解釈理論ですが、貸借対照表の「負債の部」を意識的に、流動負債と固定負債、そして純資産というふうにバラして考えてみます。つまり、流動負債＋固定負債＋純資産＝「負債の部」という構成です。単純に見れば、負債＋純資産で同じ理屈ですが、バラして見る方がより理解できると思います。これは一つには、固定資産の購入に1年しか余裕のない流動負債を当てることは「やりたくない手法」と考えるからです。むしろ「危ない」と言えるものです。つまり資金繰りに困って短期的な有利子負債に手を出すことはご法度です。固定資産の購入に返済の義務の伴わない自己資本の純資産と、1年以上という余裕のある固定負債で対応する考えが妥当にして健全であると思います。すべて投資は純資産でまかなうという形が良いに決まっていますが、財務状況次第ではまかないきれずに、特に設備投資額は巨額です。ですから「固定資産＜純資産＋固定負債」という計算式が妥当です。

最後にこの負債の部で大切なことは、これら返済義務の伴う年間返済額と次項の資産勘定科目の現金預金を常に注視しているかということです。もし「否」であれば、それは危険というよりもその前に「経営不可」になってしまいます。負債に対する相手は常に「現預金」であることを深く認識してください。経営で一番大切なことはこの現金です。それは資産の部で再度詳述します。

３　純資産の部――その構成

３‐１　純資産の部

図表６「貸借対照表‐１」を参照しながら、右側下部の「純資産の部」を改めて見てください。これはもう一つの「調達と出所」のことでしたね。同じ調達でも右側上部の負債の部と純資産の部とでは大きな違いがあります。この違いを明確に理解するということは貸借対照表の構成の「柱を見た」ことになるのです。それは、負債の部は金利の伴う返済義務のある金融機関や社債などの他人資本であり、一方の純資産の部は唯一無二の金利の伴わない会社の自己資本のことで、これは会社が倒産でもしない限り返済義務はないのです。重要ですので繰り返しますが、右側上の他人資本と下部の純資産の自己資本とで左側の資産が形成され、上が返済義

務を伴うもの、下が伴わないもので、このことが重要な意味を持ってくるのです。そして純資産とは企業の安全性を見る最も重要な指標であることも付記します。

純資産を大きく2別すると、株主からの元手の資本金と、会社設立時からの利益の積み上げとで構成されています。それは株主さんからの資本金と、損益計算書からの儲けである「当期純利益」の積み上げの利益剰余金です。まずは①~⑦までを参照ください。これは純資産が何であるかを示しているものです。

①資本金
②資本剰余金
③利益剰余金
④△ 自己株式
⑤評価・換算差額
⑥新株予約権
⑦少数株主持分

以上①~④が株主資本合計です（これが純資産のほとんどです）。後述しますが、④の△（マイナス）の自己株式に注目してください。

３－２　自己資本比率

純資産とは前述の①～⑦までのことで、自己資本は①～⑤までを指します。自己資本も株主資本も純資産も額はあまり変わりません。学習してほしいことは、次の計算式の自己資本比率です。

自己資本比率＝自己資本（純資産）÷資産

貸借対照表の左上の資産の部に対してこの自己資本がいくらあるかの計算式です。これはとても重要な計算式で、会社はどういう時に倒産という悲劇に遭遇するかという一つの回答でもあって、それが自己資本比率に表れてきます。言葉を変えれば、それは借金の額です。会社は借金という負債を返済できなくて潰れます。先述通り、返済する必要のない潤沢な資金があれば倒産は遠のきます。しかし会社は事業遂行上、有利子負債を抱え込みます。無理な返済の義務が伴うような場合は倒産の引き金になる可能性があります。民間企業が資金調達に頼るところは金融機関です。つまり金利の伴う返済義務のある有利子負債に頼るのです。

繰り返しますが、自己資本とは株主資本のことで、資本金と資本剰余金と、損益計算書からの純利益の蓄積の利益剰余金、さらに自己株式を差し引き、評価・換算差額を含めたものを総称したものです。そして新株予約権と少数株主持ち分を含めたものが「純資産の部」です。再度関連図表を参照してください。

この自己資本比率が高ければ、返済する必要のないお金が潤沢にあり、自己資本で効率よく経営を行っていて会社の安全性と健全性が高いということです。逆に自己資本比率が低ければ返済義務のあるお金と金利で経営に疑問符がつきます。なお、配当はこの利益剰余金から支払われます。配当余力があれば配当は今期マイナスであっても支払われることになります。

ではどの程度の自己資本比率であれば安全なのでしょうか。その基準値は業種によってマチマチです。固定資産の多いホテル業界や製造業では20％以上、商社などの業種は15％以上、いわゆる、日銭商売以外の業種は10％以上ではないかと思います。また少な過ぎは過小資本と見なされます。この純資産がマイナスの状態になると債務超過です。資産よりも負債の方が大きいことで企業財務のバランスが崩れるからです。事実は、損益計算書の売上高以外に基本「稼ぐ」術はありません。ですから売上高から純利益が生まれ、それが貸借対照表の利益剰余金に蓄積されていく、この事実が生命線です。

この自己資本比率には「ただし」という続きがあります。それは「比率分析」でいつもその中身をしっかりと見ておくことが必要にして大事だということです。現金を筆頭に売掛金や棚卸資産、また受取手形や有価証券の含み損、そして換金性のないものなど、この資産に希薄性があればこの自己資本比率が大事と言っても説得力が半減します。あるいは負債が高まっているかもしれません。また自己資本比率と同時に「自己資本額」も大事です。比率は中身が見えず、額は中身がしっかりと見えます。このことを踏まえ、自己資本比率と自己資本額の両方を学習してください。

ここで負債比率に触れます。返済義務のある他人資本とこの必要のない自己資本から負債比率がわかります。他人資本が5億、自己資本が10億の場合、負債比率は50％です。負債比率が低いほど経営が安定していて、自己資本で負債をまかなっていることになります。一目で企業の安定性がわかりますが、比率をしっかりと見ていく必要があります。補足しますが、このように比率を使用していろいろな分析を行うことを比率分析と言い、前項のように「額分析」も必ず検討してください。

私が気にかけるのは純資産と流動資産との対比です。貸借対照表の右下、そして左上、これは私が最も重要な箇所と考える２つの場所です。この右下には返済義務のない純資産があり、左上にはこれから学習する資産の部の現預金があります。私は「キャッシュリッチ」という言葉を好みますが、財務関連では「現預金が最も大事」と指摘する書籍が目につきます。その現預金が企業内にどの程度あるのかの判断基準ですが、これは資産の部のところで詳述します。

同様にこの項では純資産が売上という年商から弾き出して月商の何カ月分あるかという財務比較も同様に重要です。よく指摘される数値に月商の２カ月分というものがあります。私は予期せぬことに対応するためにも、また純資産という最も大切な返済義務のない自己資本を考えた場合にも、やはり２カ月以上の月商、もしくは３カ月以上が理想だと思います。純資産は企業の設立時点から留保されている資産です。分厚くて当たり前です。成長のための社員への還元や投資などは純資産に依存します。自己資本比率同様に純資産と年商の検証分析は大事です。

3‐3　自己株式

純資産を学習していますが、あと一息です。純資産が伸びるということは企業が成長していることの証です。説明通り、損益計算書で売上の伸びを確定し、貸借対照表で返済しなくてもよい純資産の「成長力」を見ます。企業はどのような事業環境におかれても成長していかなければなりません。その成長過程をしっかりと見ていくバロメーターがこの純資産であるのです。

あと一息、という意味は、自己株式の△（マイナス表示）の自社株買いについてです。図表7の「貸借対照表‐2」を見てください。多くの企業がこの「自社株買い」を行っていることを新聞紙上でよく目にします。研修などでも参加者から一再ならずよくこの自社株買いの質問を受けました。文字通り、会社も自社の株を市場から買って取得保有します。ただいつかは消却する可能性が高いので、そのことを前提にして株主資本のマイナスに計上します。

つまりマイナス計上されるので純資産は当然減ることになります。また消却されるということは発行済株式数が減りますので、当たり前に1株当たりの株価は上がり気味になりますね。上がれば投資家は喜び、企業もますます自社株買いに傾斜します。ＲＯＥ（第4章で詳述）も上昇することになるので、企業側は積極的に自社株買いを行います。

ここで自己資本比率に再び触れます。ものごとというものは必ず両面が存在しますが、純資産が減ってこの自己資本比率が下がれば企業の安全性に「ヒビ」が入ります。孔子の「過ぎたるは及ばざるがごとし」です。

３-４　利益剰余金

既説していますが、この利益剰余金は過去から（昨年からという意味ではない）の毎期の利益の累積で、蓄積されていく内部留保や留保利益とも言われるものです。ここで損益計算書と貸借対照表が完全につながります。何がつながるかと言うと、損益計算書の当期純利益と貸借対照表の純資産の部の利益剰余金がつながるということです。つまり、会社のいろいろな資産を使ってどのぐらい儲けたのかということです（第４章のＲＯＡでも触れます）。そして儲けた損益計算書の当期純利益は、いったん、貸借対照表に吸い込まれて企業の財産・財源となって蓄積されていきます。次の図を参照ください。

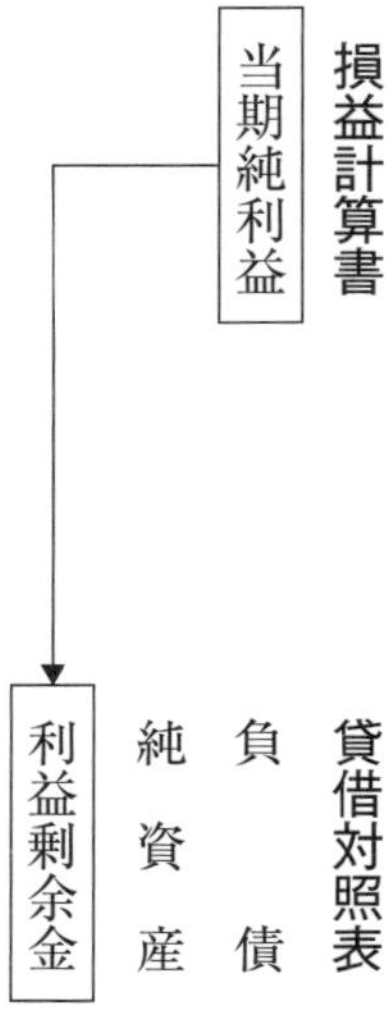

皆さんが日頃から向き合っている損益計算書の努力の結果が、貸借対照表に大きく影響を及ぼしています。実はこの構造を複数のホテルマン後輩諸氏に説明した時の反応が興味深いものでした。ビックリされて「そうだったんですね」となんとなく嬉々とされ、自分たちの日頃の業務が経営・運営の一翼を担っているという気分になっていたものと推測しました。後日、ある関西の旅館の料飲部兼料理部の社員の1人が「次回、会計への異動をお願いします」と自発的に名乗り出たと側聞しました。これには心底驚きました。

人は往々にして知らないことに蓋をしますが、この社員は火と包丁を使って調理場でコック服を着て料理をしていましたし、さらに繁忙時はフロアに出て料飲部の幹部として縦横無尽の活躍でした。後日、経理部に異動となって2足の草鞋を履いたらしいです。「包丁よりも会計」と豪語して総支配人に上り詰めた社員でした。

さらに続けます。皆さんが一生懸命に努力を傾注される損益計算書の結果次第で、順風満帆の航海が続くのか、あるいは逆の当期純損失になってこの利益剰余金も一時的に累計マイナスになってしまうか、です。公式の計算式は資産＝負債＋純資産の基本形から鑑みて、この純資産の部の合計も次第に目減りしてマイナスになれば、資産の部よりも負債の部の方が大きい危険水域に入っていきます。貸借対照表は損益計算書と等しく重要にして大切な財務諸表で、皆さんはこの両諸表の結果に大きな一翼を担います。

損益計算書は会社の収益性を見るもの、それは売上と経費と利益から構成され、片や貸借対照表は会社の安全性と健全性を見るもので、この２つは完全に両輪です。まずもって損益計算書の純利益を毎期出し続けることです。認識すべきことは、先人の方たちが設立時から積み上げてきた利益剰余金がマイナスになり、負債が資産を上回って遂に純資産もマイナスになれば、今までの苦労が水泡に帰すことになります。本業の儲けで稼いだ営業利益と会社全体の儲けで経常利益が出たら、貸借対照表をしっかり分析し続けながら安全性と健全性を基本に正しい経営を積み重ねていくことです。努力と奮励です。

よく間違われることの一つですが、純資産の中の株主資本の利益剰余金は損益計算書の中の当期純利益から、つまり事業から積み上げられた利益でした。しかしそれは「資金繰りとは別物」であるという点を理解しておかなければなりません。そもそも損益計算書の中の当期純利益はキャッシュそのものではありません。それは企業の現金や預貯金しているものだけとは限らず、明確に現金として使えるのは左側の現金預金や受取手形、さらには売掛金や有価証券などの流動資産です。後で登場しますが、これらは「手元流動性」と言える現金資金と換金性ある資産です。これを間違わないようにしなければなりません。利益は現預金の源泉としてこの純資産の部の利益剰余金に積み上げられていくものです。後述する内部留保も同じ理論です。

3-5 内部留保

内部留保は、損益計算書の総売上高から売上原価を引き、そこから固定費や変動費などの諸経費を引き、さらに法人税や配当を支払った後の利益の積み上げで「純資産の部」の中の利益剰余金に該当するものです。

さて、この利益剰余金の話をさらに深く掘り下げてみます。コロナの影響で、新聞紙上では軒並み著名企業の純損益がマイナスと報じられていました。関西と東京の大手百貨店も大打撃を被ったと報道されていました。世界的に有名なレジャー産業最大手の赤字も報道されました。そして宿泊・飲食産業も慢性的にして深刻な赤字に陥っている模様でした。令和5年初頭頃、だいぶ「復活」の兆しを見せ始めましたが、期の業績の純損失が続くようなことになれば利益剰余金は次第に目減りします。ですから、どの産業も積み上げてきた利益剰余金を内部留保（勘定科目ではない）としてその確保に専念します。

この留保金を分厚くすることは企業の守りの戦術で、それは会社の方針として問題のないことです。反面、この内部留保は同時に消費活動と内需拡大、さらには設備投資や社員還元などへの追い風になって、日本経済に多大な経済的好影響をもたらすものです。特に社員還元では特別賞与の形で、名目は例えば感謝賞与など、利益剰余金確定後に還元してやれば大きな社員のモチベーションにもなるでしょう。この内部留保はいつも議論百出のマターですが、今や日本の内部留保は６００兆円規模とまで言われています。この数字、どこかで見たことはないですか。そうです。日本の年間のＧＤＰに匹敵する数字ですよね。今こそこのポストコロナ禍、企業の経営環境を立て直す戦略資金としてこの内部留保のあり方が再考されれば、と考えます。このＧＤＰ（名目と実質）がわからない人はわかるまで学習してください。

さらにここでもう一つ書き加えておきます。それは先述通りこの内部留保は厳密には設備投資なども含まれるということです。思考を凝らしていただければ「なるほど」と思われるでしょう。例えば中（長）期経営計画の一環として、利益剰余金の中から5億円を増室や厨房施設などに新規投資したとします。そして1年目は全額5億円の内の５０００万円だけが法定耐用年数に準拠しながら減価償却費としてその期の損益計算書の業務費に経費計上され、残り４・５億円は内部留保に換算されることになります。つまり内部留保はいつもイコール現金・預金ではないのです。

とはいえ、専門家に言わせると日本の企業の内部留保の預貯金額は優に２００兆円はあるらしいです。どのような数字と比較してもこれは貯め過ぎですよね。既説通り、もっと社員に還元すべきだと心底そう思ってしまいます。事実そうですから。過去、議員さんが興奮気味に、内部留保金＝現預金で貯め過ぎと強調されていました。ただ「利益剰余金＝内部留保金＝現預金」とこの議員さんが指摘されたことは正しくありません。内部留保はいつも現預金ではないのです。内部留保は毎期蓄積されていく利益で、それは手元流動性や資金などではありません。内部留保は左側の資産を見なければなりません。

現在の日本の内部留保は600兆円以上と述べました。そして潤沢な預貯金に支えられています。そうであるならば、日本の給与ベースを上げて社員への還元率を改善しなければならないと思います。どういうことかと言うと、内部留保がこのように天文学的数字になることを前提にして「賃金大改革」を実行されればと真に思うものです。日本は本当に給与が安いです。社員の皆さんも、組合の人たちも、経営者の人たちも、実は会社の決算書を深く理解されていないのではと邪推推論してしまいます。理解されていれば、状況は速やかに、しかももっと以前に日本の社員の皆さんの給与は大きく改善されていたはずだと思います。

日本の会社員の皆さんの給与ベースは何年もずーっと低いものです。経団連や連合は「設備などの投資は調節できるが、賃上げは将来にわたる固定費」だと。しかし「前年対比では下回っており、企業は社員への投資に踏み込めていない」などと指摘されていました。理由は簡単です。それはこれら多くのステークホルダーの人たちが内部留保の実態というものを正しく理解していなかったからだと考察します。

追記として、赤字と純資産の関係に言及します。よく「今年は、赤字かな」と悲嘆に暮れる場合があります。この「今年の赤字」は当然今期の損益計算書上のことで、理解すべきは純資産です。今年という1期が赤字でも、過去から現在までの蓄積されてきている純資産とを見比べる必要があります。要は純資産という企業の体力との比較です。これがマイナスならば債務超過になってしまいます。プラスならば翌期にこのマイナスを挽回すれば良いのです。そして特に固定費の最小化、売上の最大化を念頭に2期連続の赤字にならないことです。同時に変動費にも注目して損益分岐点にも最大の注意を払ってください。

内部留保関連で最後に言及します。令和6年（２０２４年）は忘れることのできない年になるでしょう。大手も中小も32年ぶりに高水準の賃上げと報道されています。なお価格転嫁の進捗状況は賃金の原資の確保の問題と指摘されていますが、これはすでに時間の問題と私は思います。これからは現在の分厚い内部留保の企業体質は間違いなく変化していってくれると期待します。

３-６　配当

配当はまずこの利益剰余金から支払われます。その意味でもこの利益剰余金は分厚くしておく必要があります。皆さんが常日頃から接している損益計算書の当期純利益が貸借対照表の利益剰余金に蓄積されていくことは述べました。この利益剰余金が潤沢であればあるほど、たとえその期の業績が赤字であっても配当を続けることができます。配当余力です。そして配当は社外流出なので過半数の普通決議が必要です。

また何度も触れましたが、この利益剰余金が底をついてマイナスになると危険信号です。純資産合計もマイナスになると「債務超過」で倒産の信号がチラついて、黄から赤信号になる恐れが出てきます。損益計算書の本業の儲けの営業利益と経常利益と、そして当期純利益を黒字にしておく必要があります。

ここで配当性向についても説明しておきます。「配当性向＝年間配当額÷当期純利益」でその性向が出ます。ただ多くの企業は配当以外に翌期に繰り越して内部留保として新たな事業の資金とするのですが、この株主への配当還元率は企業の財務の健全性の証でもあります。

3-7　評価・換算差額

会計には資産の部の購入時点で2つの価格が発生していきます。まずはこのことを学んでください。それは買った時の取得価格と時価の価格のことです。つまり決算時の有価証券などは株価に左右されるので時価の価格となり、取得価格とに差額が出ます。その差額の調整分です。

海外活動での円換算に起因する為替の変動の調整もこの科目です。また損益計算書上の含み損益を純資産から直接増減して調整もします。

経験則からですが、私は海外勤務の経験があり、為替に泣かされました。損益計算書のところでも触れましたが、円換算で差損でした。当時は対米ドルで円が強く、連動して対アジア通貨でも円は強かったです。円の借入でしたので大きな為替差損でした。そのほかに土地再評価差額金や、決算時の繰延ヘッジ損益なども調整されていきます。

３-８　新株予約権

会社は社員や役員にストックオプションを発行します。その目的は会社への忠誠心や労働意欲、さらには業績向上による株価の上昇が社員のモチベーションアップや優秀な人材確保にもつながります。社員はある条件のもとに自社株を一定の行使価格で購入できる権利のことです。例えば行使価格１００円の新株予約権を持っていれば、株価が上がればこの新株予約権を行使して利益を得ることができます。いつも企業が潤沢な資金を持っているわけではないのでこの新株予約権を発行するのです。本稿ではここまでの説明となりますが、さらに詳しく学習したい人はサイトでも検索してください。

3-9　少数株主持分

親会社と子会社の財務関連は純資産も含めてすべて両社連結合算されます。ただ親会社が子会社の過半数の株式を持っていたとしても、そこにはほかの株主の株式まで合算することになります。そこで親会社に帰属しない純資産を少数株主持分（または非支配株主持分）として区分するわけです。

3-10　株主目線

株主資本は返済の伴わない資本でしたね。ただ、返済の必要がないと言っても株主さんからはより厳しい経営目線で業績の向上を期待されます。株主さんへの配当も考えることになります。実はこのことは4章のＲＯＥ（自己資本利益率）にも関係してくることなのです。つまり、株主さんから預かっている株主資本から純利益をどれほど稼いだのかを見ることで、損益計算書の当期純利益が基本中の基本の数値となって「稼いでくれましたか」と問われる指標なのです。

損益計算書の本業の儲けの営業利益を稼ぎ出し、本業以外の儲けの経常利益を計上し、最終の純利益となって財務体質の礎を形成して、最も大事な貸借対照表の利益剰余金に積み上げられていきます。これら一連の経営ステップのプロセスを、ぜひ1章、2章の損益計算書と貸借対照表とでみっちり学習していってください。それらのことが実は株主目線ですなわち「経営目線」で事業の発展性を見ていくことに大きくつながっていきます。今までは株主の目線を意識することなどは考えなかったと思います。これからは違います。つまりROEという株主目線が「木を見て、森もしっかり見る」という経営目線を意識することになり、それが業務姿勢と業務の在り方までもが本質的に違ってくることになります。

私が初めて総支配人を拝命した時は海外在住でしたが、通信教育で教材を取り寄せて財務三表の学習に取りかかり「姿勢」が全然違ってきていることに気づき始めました。時には、遅々として進まずとも、新しい経営姿勢という4文字が軽はずみな経営思考を戒めてくれて、財務の専門書と現場の状況を交互に見比べる商習慣が宿るようになりました。この「姿勢」が私をそうさせてくれました。これらはこれからの皆さんにも確実に当てはまることになっていくものと思います。

3‐11　資本金

純資産の部の最後は資本金です。気をつけたいのは、資本金に計上されているその金額は現金や預金ではなく、また会社の規模を示しているものでもないということです。錯覚されがちですが、そもそも資本金や資本剰余金は出資されてもそれは事後的に形を変えて人件費や経費に使われているので、深い意味のある手元資金などではありません。

日本の9割以上の会社は資本金が1億円以下の中小企業です。それは税金の優遇措置を受けられるということで、資本金自体にはそれ以上あまり意味するところはありません。そして資本金は純資産の1部で返済義務のない資金という位置づけに変わりはなしです。企業経営においても資本金が果たす主な役割のようなものもありません。加えて、多くの企業が意図的に減資に動きます。税金対策です。また、最近の紙上では資本剰余金に移す操作をしている会社が多くなっていて、それは資本金と資本剰余金の合計額が課税対象になるということでもありましょう。話題になったのはある大手の旅行代理店です。店舗展開が中心でしたが賃料や人件費などの固定費が重くのしかかって、サイト営業への事業変革という軌道修正を図ると聞きました。その背景にも資本金を1億円に減資して税負担を軽減することも事業変革の一つと紙上で読みました。

４　資産の部――その構成

４‐１　資産の部

いよいよ貸借対照表の左側の資産の部です。この資産の部は右側の調達に対して運用の在り方を見るものでした。ここでまた図表６の「貸借対照表‐１」をご参照ください。資産の部とあり、いろいろの勘定科目が取得原価で表示されています。貸借対照表は右側の調達と左側の運用の合計金額が一致し、バランスしていることはすでに学習済みです。その左側トップに流動資産があり、固定資産と続きます。この流動と固定の基準は現金預金を筆頭に換金性の高いものから順に配列されています。これはワンイヤールールという1年を期間とした期限が定められていることはすでに学習済みです。現金と資金化のある資産を流動資産に、そして資金化されるには1年以上の「距離」がある資産を下段の固定資産に計上します。固定資産は「寝かされている資産」みたいなものです。右上の「負債」と右下の「純資産」とで、左側のこの「流動資産」と「固定資産」をまかなっています。計算式は次の通りです。

（右／調達）　負債及び純資産の部＝流動負債＋固定負債＋純資産

（左／運用）　資産の部＝流動資産＋固定資産

資産＝負債＋純資産

これらの図式が貸借対照表の公式の計算式です。実は右側の負債の部よりも左側の運用の資産の部の方が企業にとっては重要なのです。企業はこの左側の資産でもっていろいろな企業活動を行います。例えば、ホテルの開発には土地を買収して建物の建築建設と設備施工を行い、客室とともに室内内部要求機能を揃え、各レストランやバーを構え、宴集会・婚礼関連施設を配備し、さらに多種多様な厨房機器を用意して、多くの家具什器備品などを購入します。そしてめでたく開業となっていくわけです。これらのすべては貸借対照表の資産に計上されて「資産の部」を形成します。これらをまかなうための調達源泉が右側に詳細に記述されている負債の部です。

同時に前記の説明通り、もう一つの調達源泉が右側下部の「純資産の部」でした。この負債の部と純資産の部は言うなれば企業活動のための「お膳立て」です。せっかくのお膳立てに対して左側の資産の部はしっかりと呼応しなければなりません。つまりこれは投資と回収です。

4-2 循環と時間軸

貸借対照表ではこれら3つの箱（負債の部、純資産の部、資産の部）が、新しく5つの箱に枝分かれして細分化されます。5つの箱というのは①流動負債、②固定負債、③純資産、④流

資産の部	負債の部
流動資産	**流動負債**
1年以内に現金化	1年以内に支払い
固定資産	固定負債
有形固定資産	支払いが1年以上
無形固定資産	
1年以上	純資産の部

動資産、⑤固定資産です。これはとても重要なことで、貸借対照表がホテルの財務の現金化の循環内容を説明してくれるものです。上の簡易的な図をご覧ください。

1年という時間軸で現金化されるか否かで分かれていくことを、ワンイヤールールと既説しましたが、この1年という時間軸を忘れないでください。1年以内に返済しなければならない負債を流動負債、それよりも長い期間の負債を固定負債、同様に資産も1年以内に現金化される流動資産と、現金化が流動資産よりも「しにくい」固定資産などと、それぞれの「性格」を理解しなければなりません。

4-3　流動資産

流動資産の基本は、流動負債同様に流動と固定という1年の期間を基に勘定科目が分かれることでした。流動資産というのは、現金預金や受取手形、売掛金や有価証券などを指します。

企業活動で一番重要なのは流動資産で、その中でも現金です。すなわち、現金化という換金制を指していることです。次からは流動資産にあたる勘定科目を順次見ていきたいと思います。

4-3-1　現金及び預金

現金にまさるものはありません。私は「キャッシュリッチ」という言葉を好んで使います。常に左の資産項目の1番上にあり、無敵にして粉飾まがいのことができない科目です。そのような現金はどのくらいあれば安全かとよく問われます。よく耳にする数値が、「月商の2カ月分」というものです。別の見方としては直近3カ年に遡及しての毎月の支払総額を検証して判断するものがあります。支払いの実額はほぼ毎年わかりますから具体的な現金の必要額を推し量ることが可能です。ただ、預金の中の定期預金は現金のように手元流動性という認識の範疇ではありません。それは満期という期限の問題もありますし、一定期間預けられていてすぐには引き出せない現金という位置づけでもあります。

振り返って、貸借対照表の右下は純資産でした。前項で習いましたが、ここで同様に「月商2カ月論」の話をします。負債、純資産、資産と見てきましたが、この左上の現金と右下の純資産を最重要項目の勘定科目と位置づけたいと思います。この両者は売上高の月商の2カ月分が安全という指標と言われます。概算でも、説得力ある目安と考えます。この資産から負債を引けば純資産です。これがマイナスだと債務超過です。資産の中の手元流動性（詳細後述）と純資産の安全基準の指標が売上の月商2カ月分以上、ということです。できれば3カ月以上が良いです。もちろん、ビジネスモデルによって判断基準が違ってきますが。

４-３-２　受取手形・未収入金

流動負債に戻りますが、金融機関などで決済される支払手形などは要注意です。決済が２度滞留すると取引の停止となることは先述しました。社債も同じでしたね。この逆の受取手形や次の売掛金などは代金を受け取っていない状態のことです。ここにもワンイヤールールが適用されます。そして当然資金負担のことを考えると、それは受取手形ですね。未収入金は文字通り入金されていない収入のことです。債権ですから、キャッシュに影響が出ないということです。

４-３-３　売掛金

次に、後述する当座資産の中の売掛金についてです。つまり決算手段のことです。決算手段とは現金、預金、有価証券、受取手形、売掛金などです。関連しての当座比率については後で詳しく説明していきますが、それは流動負債という1年以内に返済しなければならない負債に対して、これらの返済資金がどれほどあるかという比率のことです。そして大事な売上債権がこの売掛金です。

例えば、信頼していた取引業者の債権が焦げついたりする貸し倒れのリスクがあります。多いのが、支払業者間に第3の中間業者が介在している場合などで、ホテル業界ではよく見られます。送客契約の締結時点で介在者が複数いる場合などは、その各々の責任を明確にし、売掛債務者とその債務内容の詳細をきちっと把握して内部・外部監査役の人たちにも事前の報告をしておくことが賢明にして必要です。もう一つ、この債務者の会社との取引が財務的な面で問題がないかも、詳細に事前検証しておくことが極めて大事です。与信調査のことです。個人のお客様に対してはクレジットカードの事前提示という決済が常識的になったことは大変喜ばしいですね。

要は、売掛金とは平たく言って、売ったが「後払い」ということです。利息もつきません。経験則ですが、多くのホテルがこの売掛金の焦げつきで被害を受けます。過去の話ですが、現在でもときどき耳にします。その最も大きな原因は事前の契約内容の話し合いの不備です。気をつけなければならない条項は「双方異義なしの場合、契約内容は継続される」というものです。そうではなくて詳細に契約内容は見直されなければならないのです。特に債権者側は受領側です。何の疑いの余地もなく、そのまま継続されるべきではないのです。「双方に異義なし」という言葉が錯覚を誘ってしまいます。経営運営状況というものは見直されて変化に対応していくものなのです。つまり「双方は毎年見直す」という条項でなければなりません。この「項」で売掛金の未収が改善されます。

◇売掛金対策

売掛金関連の留意事項をいくつか指摘したいと思います。前項でも触れましたが売掛金の不良債権化問題です。宿泊業界は自社のみで集客するわけではなく、複雑に取引業者が介在し、消費者との直接の取引もたくさんあることは言及しました。後述しますが、たった１人の宿泊者からの５００万円以上の焦げつきが発生したある著名なホテルの実例もありました。いわゆる「チェック機能」が働いていなかったのではないか、あるいは社内規定の欠落かも、と推察されるものでした。

売掛金の回収が難しくなってきた場合、職務上は販売部がその責を負い、フォローアップでは経理会計部が関連業務を続けます。その内容によっては売掛金に対する当初の対外的な条件設定の見直しなどが必要になる場合があります。売掛金は後述の当座資産には含まれませんが（私は含まれると考えている）、端的に言えば換金性の話ですから売掛金の社内規定の再熟考が必要かもわかりません。

この売掛金ですが、ちょっと脇道にそれて、世によく見られる粉飾の手口について紹介します。これは、ありもしない売上を売上債権として貸借対照表の売掛金として計上するものです。この粉飾で思い起こすのは、ある大手企業が突然倒産し、その背景に売上／売掛金の水増し計上があったことでした。当時、私は貪るように関連記事を読んだものでした。粉飾とは企業が「うそ」をつくことです。子どもの頃、「ウソは泥棒の始まり」と教えられました。残念なことにこの後も粉飾まがいの企業不祥事が再三起こっています。そして起こしている企業の代表者のほとんどは優秀な方たちばかりです。粉飾はまぎれもなくそこに「意志」が存在します。ただこの粉飾と「経営不振」とは全くの別物です。経営不振は外部事業環境や企業努力が奏功しないことなどに起因しますが、粉飾はステークホルダーたちを「恣意的にごまかす」ことであり、それは一種の経済犯罪でしょう。

続いて売掛金と現金取引に触れます。ホテル業界では掛取引と現金取引の両方に対応しているのが実態です。売掛金が発生する主な取引は地元企業からの宴集会部門関連で、料金的にも売上的にも他部門を凌いでおり、特にセグメントでは同部門の中の婚礼市場が中心です。婚礼は商品サイクル論的には成熟期の末期に差しかかったとはいえ、同市場は今も大変重要なマーケットです。ホテルによってはその売上高は宿泊関連と拮抗するほどです。売掛金は売上高に比例するものですし、一部大手旅行代理店も掛取引で、案外とこの売掛金発生率は頻繁にして高いものです。

一方、現金商売はお客様との直取引が大半です。一部旅行代理店やOTA（Online Travel Agent）、また海外関連のランドオペレーターとの取引も現金取引です。時としてもちろん焦げつきが起こります。それはなぜ起こるのかということですが、注意喚起の視点から、次のように指摘します。

（1）売掛金関連の社内規定の作成とその準拠と遵守。

（2）対大手企業でも大顧客でもこの社内規定は遵守されること。

（3）「例外のない規則はない」という論理はあるが、与信という社内規定に例外がないこと。
（４）掛取引と売掛金の定期的な中間検証の実施の義務化。
（５）与信の決定は稟議書上程とともに上級幹部社員の判断であること、そしてきちっと弁護士が検証しての社内規定であること。

それでも未回収や焦げつきが発生します。それは残念ながら社内規定が破られたからです。ホテル業界には情報顧客管理上「お得意様」というカテゴリーが存在します。それらは多くの場合は法人のお客様です。前述といささか反対のことに言及しますが、時として起こるのが、「まさか」と思われる取引のある会社の売掛金が焦げついてしまう事象です。私も現役時代に何度も見聞きしてそれを経験しました。まさかと思う会社が「そう思われないように」振る舞うので事前に見抜けないのです。これを食い止める具体的な詳細の「対策マニュアル」の作成を事前に準備することは大切です。このようなルーティン作業を実践しておくことが時として威力を発揮してくれるものです。

最も大事なのは、与信という「特例」を作ってはならないということです。売掛金の未回収は、例えばそれが料飲部門である場合、回収のできないその売上高は、該当する食材や飲料などの仕入額と費やした全関連諸経費と期待された利益と、会社にとっては最も大事な関連現預金が雲散霧消してしまうことと同じです。まだあります。これら変動費、固定費、利益、現預金の上に、その該当する商品に行き着くまでの研究と開発に向けた知力体力という労力と知識や技術という経験則などが焦げつけば、実を結ぶことなしに水泡に帰してしまいます。社員は顧客を失うことを思うあまり、軽々にこの「見えない幽霊」を過度に恐れて与信を与えてしまうのです。焦げつきは会社にとってそれは損害以上のものと化します。

人気番組のモーニングショーでも紹介されましたが、無銭飲食未回収事件はホテル業界をいささか驚かせました。正しく現金商売の慣例が木端微塵《こっぱみじん》にされた実例です。多額の無銭飲食の上に、驚いたことに15泊の連泊でした。ホテル業界では残念ながらこの種のことはときどき起こるのです。しかし15連泊とは、この業界に長らくいますが私も初めて聞く話です。

その実態はこうです。友人たちをホテルに呼んで、食べて、飲んで、どんちゃん騒ぎ、続いて泊まってしかもエステと、被害総額は５００万円以上と報道されました。15泊中、ホテル側からは1度も中間請求がなかった模様です。またチェックイン時における前払金の請求やデポジットもなかったらしいです。チェックイン時にフロントでクレジットカードの提示などはなかったのかなどいろいろと「不思議」が頭をよぎります。そもそも、ルール化されたこのようなケースを未然に防ぐためのマニュアルが宿泊部になかったのかと考え込みました。同時に焦げつきが起こり始めればその額に関係社員は上司への報告を行わなかったのか、とも。本当に５００万円という被害が警察沙汰になるまでに何もアクションは取られなかったのかと、２度の不思議です。

このケースは財務諸表では貸借対照表の売掛金の発生となって、損益計算書の営業外費用か特別損失（額が大きい場合は）に計上されるのでしょうか。責務上関係するのは宿泊部門と料飲部門、そして経理会計部と、ほとんど運営を司る重要部門でしょう。最も重要なことは２週間も放置されていたという実態です。これはマニュアルの不在であると言及しましたが、可及的速やかに社内における再発防止委員会の立ち上げが必要でしょう。そして同じことが繰り返されないよう社員教育も徹底されなければなりません。この取り漏れとか焦げつきなどは、不思議なのですが、社内マニュアル化していてもフッと出来《しゅったい》するのです。

４-３-４有価証券

次に、有価証券についてです。株式や債券などに見られる金融商品は現金化のできる資産です。ただ含み損という用語を忘れてはなりません。基本、時価会計ですから、そこには含み損が発生しているかもわかりません。取得原価ではありません。それは価値の低下を意味します。さらに担保とされていれば流動資産であってもその流動性は極めて低くなります。

４-４　棚卸資産

棚卸資産は在庫ですが、すでに劣化や陳腐化などで売れない商品になっている可能性も出てきます。これは在庫管理と商品の回転率でわかります。いずれにしても決算書作成時点で企業業績の実態が明確にわかる会計処理であらねばなりません。

在庫や棚卸資産は変形したお金です。棚卸資産は流動資産の中の資産項目ですが当座資産にはなりえません。この点については再度後述します。

ホテル業界での棚卸資産の主なものは食材と飲物です。すでに指摘していますが、宿泊部の部屋の空室は在庫が利かないので棚卸には該当しません。つまりこの空き部屋は機会損失の一種で、2万円の部屋料金でも売れなければゼロ円です。ゼロで終わるよりも1万円でも半額でも売り切れば良いということになります。つまり売れなければ機会損失、金額にかかわらず稼働させれば売上計上です。ここに部屋の出し入れという宿泊予約サイト操作のテクニックが問われるわけです。航空会社の空席と同じ理屈です。

用度購買の業務は、食材鮮度と仕入環境、さらに衛生管理と在庫管理、加えて仕入価格関連が主です。副次的に食材納入時間帯と納入時期、季節に準じての旬の食材仕入、料理と在庫の効率性、食材食品ロス管理、さらに多種多様な食材の原価計算があり職域は広範囲で重要度の極めて高い業務です。

「期首＋期中－期末＝当月原価」という十把一絡げの計算ではなくて、食材ごとの原価計算を弾くのが妥当性のある料理仕入原価と売上原価というものです。そしてこれらの作業や業務に深く関わってくる部門が厨房部門、料理部門、そして料飲部門です。リピートしますが、棚卸資産は換金性の面で当座資産にはなれません。

ここで最も基本的にして大切なことは、棚卸資産の回転率です。回転率が遅くなればなるほど食材は鮮度が落ちます。人の口に入るものですから鮮度は在庫管理の基本業務です。そして売上高に対する棚卸資産の対比を見て回転率を見ます。同時に、棚卸資産回転月数という指標も見ます。

棚卸資産回転率＝売上高÷棚卸資産

棚卸資産回転月数＝棚卸資産÷1カ月当たり売上原価

この2つの「回転指数」は効率性のことです。つまり何カ月分の在庫を持てば良いのかの判断ですが、これは業種によってマチマチで、2カ月の業種もあれば3カ月の業種もあります。ホテル旅館の場合は扱う商品が料理飲料などでこれらの生命線は「鮮度」です。そこから「おいしい料理」という商品資産が生まれます。鮮度が悪ければ「おいしくない料理」の提供となって徐々に致命傷に変容します。それは集客減となり、価格に影響が出、ついには売上鈍化になって効率の悪い商品となってしまいます。つまり在庫期間は極めて短いものであらねばならず、棚卸資産回転月数も1カ月を切ります。もっと言えば、食材の種類によって在庫としての保存期間は「短ければ短いほど良い」という定義になります。重ねて言いますが、多くの人の口に入る商品ですから。

ここで前述の「負債の部」に戻ります。この棚卸資産と買掛金を比較することで健全な棚卸資産の回転率がわかります。先述の棚卸資産回転率のことです。もし棚卸資産の方が買掛金よりも多ければ回転率が悪いという判断がつき、食材の料理の「出」が悪いということです。また食材や飲料の買い過ぎということも言えます。非常に悪い例ですが、あるホテルの用度購買倉庫にソフトドリンク類がいつも山と積まれていました。これは棚卸の時にソフトドリンク類の数量がいつもあまりにも多く、飲料棚卸回転率が異常な数値でした。事実は担当者がある特定の仕入業者と結託していた、ということでした。ここで、「棚卸資産回転期間＝棚卸資産÷売上原価」を見てみます。これは、前述の回転月数の指標と異なり、ある期間の在庫の回転期間の正常性の検証で、在庫のサイクル、つまり循環期間を見るもう一つの棚卸関連指標です。これも一緒に学習しましょう。

また過去3年に遡及しての前年対比や前々年対比などの比較で正しい管理業務を維持することができます。さらにホテル業界は食材と飲物で年商の半分以上の売上を上げます。それらは中華、和食、洋食、パティシエ、また宴集会に見られる宴会料理や婚礼関連などからの売上です。これら「食」の仕入れと貯蔵と保存保管で一連の料理部門の実態と効率性が買掛金の対比とで明示されることになります。

あるホテルなどはこの棚卸を毎日の業務として実行しています。厨房搬入、料理、そして在庫と、1日で棚卸を敢行してしまいます。実際に実行したことがありますが、面倒でもなく正確です。「毎日が棚卸」はシステムを作り上げれば難しくありません。もっと良かったことは、鮮度が保たれたことでの食材ロスと陳腐化の減少でした。なお、再度言いますが、棚卸資産が買掛金よりも多い場合は回転率が悪くなって資金繰りにも影響をきたすので、即対応です。これはパソコン使用で効率化が進み、ＩＴ専門社員の登用で棚卸管理業務の中の「毎日が棚卸」が根づいてくれるものと期待します。

この回転率ですが、それは基本的に効率運営のことで、この回転率は売上を分子に持ってくればいろいろな比率分析ができ、違った角度から企業の実態を炙《あぶ》り出すことが可能です。例えば、後述しますが固定資産の回転率などもすばやく計算ができます。

この原稿を書いている最中に、ある和食レストランで１５０名以上の集団食中毒が起こった模様です。原因はノロウイルスです。棚卸資産とは在庫のことで、それは鮮度にも微妙に影響を与えて回転率にも留意していくことを学習してください。ノロは通常、外のお客様が持ち込んでくるものではなく、館内調理場です。仕入業務と、在庫管理と、そして鮮度と料理を作る人が原因を作ります。

４‐５　貸倒引当金

同じ引当金の賞与引当金や退職給付引当金とこの貸倒引当金とでは「性格」が違います。前者の引当金は負債の部のところでも触れましたが将来の支払いの準備で、後者は債務不履行など焦げつきのことです。前者は支払いですから負債の部の流動負債から、また退職給付引当金は固定負債からです。貸倒引当金は将来の損失で資産のマイナスと認識します。つまり資産価値の目減りのことで世に言うふみ倒しです。また損益計算書上にも費用計上されます。

4-6 流動比率

資産の部の上段は最も重要にして大事な会社の財産の流動資産です。この流動資産にはどのような勘定科目があるのでしょうか。こちらも右側の流動負債同様に、流動資産と固定資産、そして固定資産は有形固定資産と無形固定資産とにそれぞれ2別されます。まず最も換金性の高い順に当座資産の現金や預貯金、受取手形や売掛金、さらに有価証券などです。また前項通り、マイナスの貸倒引当金（債権の回収が難しいと判断された）などもそうです。例えば、売掛金で焦げつきが濃厚となっている債権などは、この貸倒引当金に計上しておく必要があります。つまり資産のマイナス計上でしたね。そして流動資産の中で最初の比例分析で登場するのがこの流動比率です。これは流動負債のところで説明済みですがここで再びこの流動比率の計算式を見てみます。

流動比率＝流動資産÷流動負債

流動比率だけで会社の安全性が一目瞭然です。それは負債よりも資産が多いかで簡単に安全性を問う指標です。この指標は健全性を見る第1の必須条件であり、これを遵守してのビジネス展開であれば会社に危機的な状況は起こりません。要はこの流動比率とは返済能力の可視化で、流動資産が上回っていれば経営は基本的に視界良好です。とにかく、私はこの流動比率で有利子負債の怖さを身をもって実感したことがあります。バブルが弾けた時でした。あっという間で、それは驚天動地の民事再生法適用の事態でした。どうして会社は闇雲に大きくなろうと謙虚さと安全性を見失ってしまうのだろうか、と考え込んでしまいました。大企業でも、堅実と思えた会社も、有名にして知名度のある会社でさえも、有利子負債で危機を迎えるのです。

兵庫県のある老舗旅館の話ですが、創業者の言葉で「報告は負債と資産と現金だけで良い」という直截的にしてユニークなものでした。後任者はこれを会社の理念として継承しました。流動資産が流動負債を上回れば安泰とし、負債が多い場合は可及的速やかに対策を立てるということです。会社は流動負債を返済できなくて危機を迎えますが、資産が多ければ負債を返済できます。この極めてシンプルな「負債と資産とそして現預金」は、バブル期でも他社を尻目に金融機関の甘言にも振り向きもせず、せっせと集客に勤しんだこの旅館でした。また、この業界は基本現金商売ですから、後述する手元流動性もさらに向上したと側聞しました。良いものを高く売るという損益計算書で学習したＶＥ（Value Engineering）にも拍車をかける勢いだったと何度も聞きました。

謙虚さというものは、驕ることを戒めてくれます。驕りは過剰的な投資に走ったりし、その回収見通しが甘くなったりします。また謙虚は消極性を意味しません。謙虚な事業姿勢は実態にのみ則して積極的に進められるものです。

もう一つ追記です。流動資産の中の次項の当座資産がさらに厳しく見る指標であることをここで学んでください。それは現金と資金化のことで、これはそもそも誰が生んでくれるモノでしょうか。それは、基本、売上ですよね。売上は当座資産の大きな源泉と言えるもので、ここにもこの老舗旅館の資産を強調する大きな理由があり、同時に売上は利益を生み、利益は現金の「源」というわけです。どんな講釈を用いようが、そこに売上が立たねば、資産と現金は入ってこない論理です。投資をするにしても、資産という余裕があるのかという論理です。その当座資産という当座比率を見てみましょう。

4-7 当座比率

この流動資産の中の当座資産は貸借対照表の資産の部の上部に登場する現金、預金、売掛金、受取手形、有価証券、未収金など現金や換金性の高い資産であることは学習しました。そして流動比率よりもさらに厳しく流動負債を検証するものがこの当座比率です。つまり「当面の資金繰りは大丈夫か」を見る大事な指標です。なにしろ、いかなる負債を返済するにしても換金性がなくてはならず、現金化でタイムラグ（time-lag／関連する事柄間の時間的ズレ）があれば決算資金に無理が生じます。文字通り、当座の換金性の潤沢度が問われます。皆さんは、前述の旅館の話の通り「お金」が最も大事であることを再認識してください。企業は、いわゆる「キャッシュリッチな状態」でなくてはならないのです。

流動性のある決済資金で会社の決済能力を見る計算式をここに記します。それは当座資産と流動負債の対比で、後述の手元流動性という会計用語などにも登場しますが、まずはこの当座比率です。これは1年以内に返済しなければならない負債を支払うお金があるかどうかの比率分析です。もちろん、業種業態でその比率はマチマチですが、一般的には当座比率は90％以上が安全圏と言われていますが、１００％が理想です。例えば80％くらいになると「しんどい」ものとなって「決算資金が乏しい」と考えねばなりません。当座比率の計算式は次の通りです。しっかり学習してください。

当座比率＝当座資産÷流動負債

例えば、流動資産の中の棚卸資産は現金化への時間のズレという点で決済能力としては難しいと判断されて決算資金にはなりえないと考えられます。また、売掛金も取引業者という相手が存在するので決済能力はひとえに良好と言うには無理があると判断されています。が、私自身は当座資産の範疇と判断思料しています。またこの当座資産からさらに回収が不可能とみなされる貸倒引当金を当然差し引きます。これが売上債権回転率という指標です。

売上債権回転率＝売上高÷売上債権（受取手形＋売掛金－貸倒引当金）

売上債権回転率が高いほど、債権回収が順調ということです。特に売掛金とか貸倒引当金などの回転率のチェックは、経理会計部と料飲関連販売部が回収不能の事態にならないように、日常的にして相互に傾注し合うことが大事です。

4-8　手元流動性

貸借対照表のことをいろいろ学んでいますが、安全性と健全性についてさらに踏み込んでいきます。「3-2　自己資本比率」の項で「会社はどのような状況になれば倒産するか」という話をしました。聞きなれない会計用語ですが「手元流動性」という勘定科目ではない指標があります。これは実に大切な前出の当座資産です。この当座資産が流動負債に比して枯渇すれば大変な事態になります。今まで本稿内で「倒産の危機」の話が幾度となく出てきました。そのほとんどが貸借対照表の負債と純資産の部に起因することでした。つまりそれは、貸借対照表の右側の調達と出所です。

実は倒産はむしろ左側の資産の部にこそあるという見方があります。これには一理ありますが、金融機関は、その企業が緊迫するとお金を貸してくれません。まさしくこの事態は左側の資産の部です。日頃から資金の枯渇状態に最も注意しておかなくてはなりません。多くの財務関連の書籍には必ず「月商の数カ月分の余裕のある資金」という説明がありますが、全くその通りです。そして多くの経営者は間違って「利益は現金資金」とほぼ自動的に考えます。利益は損益計算書の世界、現金預金は貸借対照表の世界です。この両者が混同していれば企業活動に問題をきたすことになります。

ところで皆さんは銀行にはたくさんのお金があると思っていますか。銀行の本来の業務はいろいろな企業や資産家、さらには一般の人々から現金など貴重なお金を預かって、いろいろな企業の投資活動のために貸すことです。ですから銀行の企業形態を鑑みれば、時として貸し渋りが起こります。逆に好調な企業にはさらに借入れを促して投資を奨励します。当然なことです。

手元流動性の話に戻ります。貸借対照表の「資産の部」の一番上の現金・預金と換金性の高い流動資産のことが手元流動性でした。換金性とあえて言いましたが、経営者は日頃からこの換金性のある勘定科目をしっかり把握しておく必要があります。また会社の給料日前の現預金の実態を把握しておくことも大事です。とにかく、給料日には現金が一番底をつくので。私の仲間の総支配人は、会社の預金通帳の提示を総支配人室に持参させることを義務づけていましたが、とても大切な職務だと思います。

手元流動性という最も大事な指標を学習していますが、「現金商売」について今一度考えてみます。まずインバウンドです。現在のインバウンド需要は現金商売ですから「おいしい」ビジネスです。ひと頃、インバウンドが売掛金商売に傾斜しかかったことがありますが、海外物件は「焦げつき」が発生すればまずその回収は無理と業界は学習しました。この市場性に気がついて、即、売掛金商売を食い止めたという経緯がありました。このインバウンドの取引について一つ注意しておくことがあります。それは地上手配旅行代理店の「ランドオペレーター」との商取引です。彼らは海外のホールセラー（主催旅行者）との橋渡しを行ってくれる取引業者ですが、私はインバウンドでもアウトバウンドでも海外取引は現金決済が賢明だと思っています。どんなにおいしい商取引であっても、海外物では前受金でしょう。また、フロントでのチェックイン時のクレジットカードの提示決済が定着し始めたことは喜ばしい限りです（当初はお客様からの抵抗感がありました）。

インバウンドはコロナ禍で2年半以上の訪日客の停止状況が続きました。これからたぶん、猛烈な復活劇が予想されます。日本のインバウンド業界はスペインやフランスと入国者数で比肩するくらいの有望なマーケットにさらに成長していくことが予想されます。ある意味、財務三表が活気づくことと思われます。しかもインバウンドは現金商売ですから手元流動性に直結する貴重なマーケットです。ときどき国内旅行需要とインバウンドがよく比較されますが、需要形態が全く違うこの両市場を比較することに意味はありません。インバウンドは日本の国内需要の上にさらに外から旅行需要を高めてくれるありがたいマーケットです。どちらが良いとか悪いかと比較する理由が見当たりません。言いたいことは2つ、インバウンドは国内旅行同様に現金商売をすべきということと、業界にとっては最も大事な手元流動性であるという事実です。つまり、国内もインバウンドも手元流動性で業界にとってはとてもありがたいマーケットということです。しかし、です。最近のことですが、ＯＴＡ（サイト関連旅行業者）との取引でたくさんのホテル旅館業者に多額の焦げつきが起きたというテレビ報道がありました。不思議です。こんなことが起きるなんて。元来、インバウンドはすべて現金取引が大前提のはずです。事前の契約内容と誰との契約だったのかが問われるべきものです。この件は前章の損益計算書のところでも触れました。

手元流動性は現預金と有価証券などの合計が月商の何カ月分あるかの計算です。月商は単純に年間売上高を12カ月で割れば出ます。そしてこの手元流動性は２カ月分かあるいは３カ月分あれば良いとされています。余裕のあるお金を売上から稼いでいるかどうかです。コロナ危機などが端的な例ですが、日頃からこの流動資産の現金と現金化を見ておかないと瞬く間に現金ショートに陥って倒産の憂き目に遭うことになります。何が何でも手元流動性のキャッシュです。そして負債の方は流動負債を見ます。

つまり余裕のあるお金があって負債が少額となれば、企業は倒産しません。貸借対照表は企業の裏と表などすべてを常に物語ってくれます。実際、このコロナ禍で手元流動性が薄くなって、外食産業の閉店やホテルの規模縮小などに追い込まれた会社がたくさんありました。企業経営では優先順位をつけるとすれば、第１に手元流動性です。計算式は、

手元流動性＝（現預金＋有価証券＋換金性資産）÷月商

コロナ時期、何件かの知り合いのビジネスホテルが廃業になりました。理由は資金が底をつき、社員の人たちへの給料の支払いができなくなったからです。同時に有利子負債の返済が不能になったのでした。時間の戦いとなり、時間切れとなり、潰れたのです。企業は潰れる時は案外早くその時がきます。日頃から、どんなに良い経済環境、経営環境であっても、負債は、資産は、そして現金はと余裕を持って、しかし、驕りなく、謙虚に挑む姿勢よろしく、財務三表をデスクの両脇に携えて仕事に勤しむことなのです。先述しましたが、お金は潤沢にあればあるほどに会社は安全です。借りられる時に借りておけば良いのです。もし借り過ぎるのであれば繰り上げ返済すれば良いのです。そうです。心しておくことは、青息吐息になれば終わりだということです。会社が資金不足になれば銀行は金を貸してはくれませんので。

◇ここで、おさらい

貸借対照表の右側上部の負債の部、そして純資産の部、そして左側の資産の部を経て、勘定科目に準じながら会社の安全性と健全性を見てきました。さて、ここで「おさらい」です。前述のように企業の安全性と健全性を見るためにいろいろな重要指標を学習しましたが、まとめてみたいと思います。それらは、

①手元流動性（特に現金と月商）
②当座比率

③流動比率
④自己資本比率（特に純資産と月商）
⑤有利子負債
「企業は金次第」と、極端ですが私はそう思います。そのお金は財務諸表のどこを見れば良いのかというと、貸借対照表の左側の流動資産と学習しました。それが①の手元流動性です。現預金と換金性の高い流動資産のことで、月商の２倍以上と言われます。②の当座比率は流動比率よりもさらに厳しく見ていくもので、当座資産を流動負債で対比させます。これは現預金、売掛金、受取手形、有価証券、未収金などの換金性のある資金のことでした。当面の資金力のことです。③は流動資産と流動負債との比較で、必ず流動資産が多いようにすることです。④の自己資本比率はＲＯＥの自己資本利益率とも関連する重要比率です。ほぼ純資産の自己資本と資産との割合で返済義務のない指標のことでした。並行して純資産と月商対比です。そして⑤は特に1年以内に返済義務が訪れる負債と償還期限とそしてお金が著しく少なくなる期限期間などを常に把握しておくことが大事です。倒産の引き金になるような「関連指標」を頭に入れて業務を行うことです。

4-9 固定資産

固定資産は通常1年以上の長期にわたって使われる1年以内に現金化の動きがない資産を指します。例えば建物や構築物、設備や機械装置、工具、器具、備品、また土地などのことです。加えて、投資やソフトウエア、商標権、特許権、法律上の権利や営業権などは減価償却資産で無形固定資産になります。自ホテルの固定資産にはどのようなものがあるのかを各自で学習してください。

企業の設備投資とその投資規模関連で、財政的妥当性と安全性の目安を見ていく必要があります。つまり、この大きな資金がつぎ込まれる固定資産をどのような負債でまかなうのかの資金計画です。負債のところでもすでに学習しましたが、新たな借入れを行って流動負債に頼るケース、これは1年以内に返済する義務のあるこの流動負債をあてがうことで、やりたくない手段です。そこで登場するのが返済義務のない自己資本の純資産でした。1年以上の猶予のある固定負債でまかなう返済手段もあります。このことについては固定負債のところでもすでに触れましたが、覚えていますか。

固定資産を自己資本で割って100%以上であれば、次の一手は前述通り1年以上という返済期間に余裕のある固定負債を使うことです。もちろん、借金に頼らずに有形固定資産を手持ちの純資産のみで取得できれば一番良いことです。

ここに、それを検証できる指標を紹介します。まずは固定比率です。そして固定長期適合率です。固定比率は「固定資産÷自己資本（純資産）」です。これは固定資産を純資産でまかないきれているかの判断指標です。私はこの数値を「理想値」と呼んでいます。現実は固定負債と純資産とでまかないます。危ないのは固定資産を「固定負債＋純資産（自己資本）」だけでまかないきれずに短期の「流動負債」にまで手を出すことです。これを見る判断材料指数が固定長期適合率です。ちょっと長い会計用語ですが、しっかりと内容を把握して覚えてください。計算式は、

固定比率＝固定資産÷自己資本

固定長期適合率＝固定資産÷（固定負債＋自己資本）

この固定比率が１００％未満であれば、すべて自己資本でまかなっていることになりますから安全です。自己資本ですから言うなれば自給自足の世界です。なんと言っても、純資産という返済しなくても良い自己資本を使うのですから極めて安心です。固定長期適合率は固定比率が１００％を上回った場合の判断基準です。

自社ホテルの実際の数字を用いて計算してみてください。

固定資産についてはまだ俯瞰的に見る指標があります。例えば、経営の舵取りをしっかりと教えてくれるものの一つに「効率性」があります。そして効率は「回転率」で読み取ることは学習済みです。例えば館内レストランの回転率を上げれば収益は向上します。一番卑近にして

具体的な例ですが、館内レストランの席数と1日当たりの使用率などで、席数が50席、１日の客数が１００人の場合、「１日の客数÷客席数」つまり「100÷50」でこの席回転率が出ます。この場合に2回転で**「保有と活動の効率性」**を見るわけです。部屋の稼働率はホテル業界の古典的な稼働状況（ＯＣＣ）を見るものですが、Rev.PARも含めて効率性を問うものです。料飲部門も宿泊部門同様により厳しく「席」という経営資本を効率度から検証してほしいですね。この宿泊部門でもお客様は朝食のみか素泊まりでチェックアウトされます。つまり宿泊部門も固定資産が効率面でまだ不十分と言えるのです。そしてその効率性の向上は宿泊部の機会損失を縮小してくれるものです。

大きなくくりでは、分子に売上高を使い、売上との対比で検証する固定資産回転率や次の固定資産と減価償却などもそうです。この回転率は生産性の指標となります。まずは固定資産回転率を見てみましょう。

固定資産回転率＝売上高÷固定資産

この指標は企業が保有する資産を効率よく稼働させているかを年間の売上高で見るものです。業種によってマチマチですが、３～5年に遡及して検証すれば明確に推移が読み取れます。また、例えばこの式で売上50億、固定資産25億で見れば回転率は2となる資産効率です。この指標の底辺にあるものは企業が用意した資産で、投資と回収の実態が見えることです。

同時に労働装備率という指数も見ましょう。

労働装備率＝固定資産÷社員数

文字通り、労働装備率は社員１人当たりにどれほど固定資産が装備されているかの指標です。そして固定資産の営業的活用が会社の生産性向上につながっていきます。経済学でも労働装備率の充実度は労働生産性の向上にも資すると教えます。

つまり、社員→装備→固定資産の営業活動→労働生産性という流れです。同時に労働装備率に連座しているのではないかと思われる指標が、労働生産性です。これは必ずそうとは限らないですが、私は設備や資本の投下は社員をして業務効率を上げるのではと推察しています。

計算式は、

①労働生産性＝売上利益÷社員数

②労働生産性＝売上高÷社員数

労働生産性①は売上から変動費を引いた粗利益を社員数で割ったものです。つまり原価という変動費に直接関係しない社員数からの生産性を見るものです。②の方は売上を社員数で割ったものです。①と②の両方で労働生産性を見ます。そして社員数はパートやアルバイトを含めた雇用形態にかかわらない全従業員の数字です。

もう一つの指針も学習しましょう。それは学習済みの減価償却と設備投資です。前項の固定比率と固定長期適合比率とに関連する設備投資のことです。設備投資の多くは固定資産ですが「絶対に安全な設備投資の方法」という教えを先輩に教わったことがあります。正直、当時はあまり理解ができませんでした。それは減価償却を横目で見ながら対応するという教えです。つまり減価償却で徐々に減っていく資産価値の目減り分を基本にしての設備投資を敢行していくという意味です。事業拡大で積極的な投資でも「大きな買い物で短期の借入金に手を出す」ことは会社を脅かすことになるので一種の「禁じ手」と思っておくぐらいが大事だと思います。

事業戦略として、拡大路線なのか縮小路線なのか、私は言うなれば「償却路線」です。資金はいったん固定資産になると、減価償却した分だけが毎期資金として回収されます。固定資産を事業のために使い、価値が減っていく分を経理上、減価償却という費用として損益計算書に計上します。

簡単な比較計算になりますが、先述通り、それは減価償却と設備投資の比較です。つまり企業の成長度は固定資産の購入と目減りしていく減価償却を比較していくことです。それは将来的な投資を見ることです。固定資産の購入額が減価償却費よりも多ければその企業はさらなる成長を経営計画に落とし込んでいることになります。

固定資産の減損会計にも触れます。これは第1章の損益計算書の特別損益のところですでに触れていますが、それはある対象資産が思ったほどの利益をもはや生まなくなり、取得原価の簿価を引き下げて時価会計で特別損失として損益計算書上に計上することでした。ホテル1棟がすでに利益を生んでくれないということで、売却される場合もあります。ホテルは固定資産の「塊」ですから、会社の売値というものをある程度知っておくことが賢明です。

減損処理は耳慣れない言葉でなんだか難しそうな会計用語です。しかし理に適った会計処理です。「資産価値が減った、これ以上の回収はもはや見込めない」と、それを財務諸表に落とし込むという処理です。会計ルール上、資産の目減りが生じた場合は透明性という観点から関連諸表は調整されなければなりません。減価償却との違いは、減損処理は当該資産の経済的価値の目減りで時価会計処理、減価償却は経年劣化を前提とした計画的処理です。なお、対象資産は有形固定資産、ソフトウエア、投資資産などです。

また、株の減損もあります。企業も株を保有するので、期末決算時はこのことに注目しなければなりません。

企業の保有する株式（有価証券）は、一般的には売買などを目的とせずに長期間保有します。そしてそれは貸借対照表の「資産」に計上されます。ただし、株式は価値が下がる場合もあり、それが決算時点で著しく（50％以上）下落し、その回復が見込めない場合は、関連する財務諸表上で簿価から時価に修正する処理をします。これが株の減損処理です。方法は、貸借対照表で株を時価に修正し、評価差額を損失として損益計算書で計上します。コロナ禍では株が下落して減損処理がなされましたね。

ただし、株の減損の場合、キャッシュは伴いませんが、利益が押し下げられます。会計はこのようにまことに公平にして理に適い、人間に例えれば「紳士」だと思います。ホテル業界でも減損処理が行われました。北陸のある都市ホテルでしたが、営業を続けても債務が増えるばかりという判断で処理されました。ただし、同じことを言いますが、キャッシュアウトはないので現金は出ていきません。

4-10 ホテル3社の貸借対照表を見る

ここで、代表的な3つのホテルの状況について見てみましょう。巻末の図表7「貸借対照表-2」を参照ください。それぞれの経営の横顔が見てとれます。まず瞬時に企業の実態を見る時は流動比率に注目です。これには1秒もかかりません。帝国ホテルの流動比率は断トツです。ビューホテルもまずは安泰です。逆に、関西のランドマークのロイヤルホテルは負債が資産よりも多いです。ただ回復傾向にはあります。この流動比率よりもさらに厳しく当面の支払い能力を見る指標が当座比率です。ロイヤルホテルとビューホテルは換金性に注目です。80%が一種の安全性の基準値になります。

また、流動負債を、現預金ならびにすべての負債と比べることで企業の安定度を見ますが、帝国ホテルはキャッシュリッチです。また、現預金の目安は月商（貸借対照表には売上は出てきませんが）の2~3カ月分です。この貸借対照表の流動資産の現金・預金は、経営上の重要な勘定科目です。

固定資産を完全に純資産で賄っている安定度抜群の理想値と言える指標が帝国ホテルです。

またDEレシオで見ると、ロイヤルホテルとビューホテルはいずれも自己資本に対する負債の割合が１以下なので安全圏です。**貸借対照表の左上の流動資産が重要であるように、この右下の純資産の部の自己資本も、同様に重要な勘定科目の位置付けです。両者を常に分厚くしておく経営的な必要性があります。これと損益計算書の上段の売上。この３つが健全であれば会社は倒産しません。**

次に、現場を見るために棚卸資産を見てみましょう。帝国ホテルの買掛金は棚卸資産よりも小さいですから回転率には問題なしです。同じくロイヤルホテルもビューホテルにも問題はありません。

さらに、内部留保の中の利益剰余金の潤沢度を見てみます。帝国ホテルは投資と社員の賃上げにさらに傾斜すべきだと思うほどの額です。逆にロイヤルホテルは利益剰余金がマイナスです。これは過去からの累積赤字のためと考えます。そして連続しての赤字とその補填が原因かもわかりません。ご自身の勤めるホテル・旅館と比較してみてください。

４‐11　資産という経営資本

最後に、企業の全保有資産と売上高を比較する指標を紹介します。

資産回転率＝売上高÷総資産

分母の総資産は、貸借対照表の左側の資産合計です。この指数が高ければ高いほど保有資産が活用されていることになります。自社ホテルの資産回転率を算出してみてください。資産回転率の視点から生産性と効率性を考察するものです。同時に会社が保有する資産でどのぐらいの売上高を上げたのかの比較計算ですが、損益計算書でも学習しましたね。

経営には多くの経営指標が存在します。経営指標というものは「学ぶ指標」と「作る指標」があるのです。後者は会社の事情・実情に合わせて自ら作る指標です。管理会計の上にカスタマイズすれば良いのです。それを私は「基準値経営指標」と言っています。造語です。この基準値はどこの企業にも該当するというものではありません。ホテル旅館にはそれぞれ企業事情や実情というものがあり、しかもそれは期間にさえも左右されます。業種業態に準じての独自の経営指標を確立しておくことが賢明です。

私は長年にわたり、東南アジアのリゾート地のホテルの総支配人に従事しました。教育レベルも違い、現場力や職務責任も違い、衛生観念、また通年での商流も違います。天候気候にも大きく左右され、「オフ」時期での対旅行代理店やOTA料金の「オン」との格差の違いも歴然、為替にも対応しなければなりません。経営指標は画一的であるはずがなく、そのホテル旅館に合致した基準値経営指標があってしかるべきだと考察します。一例ですが、部門別損益計算書の売上高も、訪日売上、県別売上、地元売上、そしてインバウンド売上とさまざまあります。そして原価と販管費も弾き出し、配賦も同様の考えです。すると部門ごとの強い弱い部分の実態と課題などが浮き彫りにされます。当然、この貸借対照表にも言えることとです。社内における「自社基準値経営指標」を作成してみてください。別の「経営景色」が明確に見えてきます。ぜひ、実践してみてください。

皆さんがこれから会議などの席上、あるいは会計の社員の人たち、また株主や利害関係者の人たちと、手元流動性とか当座比率とか流動比率などの話になって専門用語が飛び交えば、かなり中味のある質の高いビジネスパーソンの会話となることでしょう。稼働率やRev. PARとＡＤＲとかのＫＰＩだけではなく、会社の屋台骨を揺るがしかねない事態状況下では、やはり貸借対照表などの話になることは必然のことです。皆さんはこれからワンランク上の「域」に達していることに気づかれることになります。

この貸借対照表の章を締めくくる前に最後の復習を行います。図表６「貸借対照表 - １」の右側の調達に対する、左側の運営資産上部の流動資産関連が、人の体に例えると、最も大事な筋肉質な数字と言えるものです。一方、逆に右側の調達と下部の純資産が最も筋肉質な数字と言えるものです。この筋肉質の上部と下部を合わせると立派な体形となります。これが学習してこられた理想の貸借対照表なのです。このことを念頭におきながら会社経営に臨んでください。

企業の経営運営は常に悲喜こもごも、良い時もあるし、悪い決算書を見る場合もあります。そして真っ暗な暗闇の中でたった一つの「ともしび」は財務三表しかありません。特に貸借対照表は「誘導灯」です。すべてはこの諸表が、右に行くのか、左に行くのか、あるいは勇気をもって前進するのか、はたまた後方に下がるのが良いのかなど企業の安全性をしっかりと導いてくれて教えてくれるものなのです。

振り返ってみて、この章は難しかったですか。この章では「深掘り」はしていません。今の自分のレベルからさらに向上するために学習されることを想定しました。それでは、次の第3章のキャッシュフロー計算書に移りたいと思います。

第3章　キャッシュフロー計算書

1-1　利益とキャッシュ

損益計算書と貸借対照表に続いて第3の財務諸表のキャッシュフロー計算書（以下、CF計算書）を学習します。「勘定合って銭足らず」という言葉がありますが、若い人の多くはこの言葉を知らないようです。これは売上や利益が出ていてもキャッシュが不足している状態のことです。利益とキャッシュは別物で、関連する取引に「ズレ」が生じてしまうことを指す言葉です。利益が上がり、損益計算書や貸借対照表（財務二表）に計上されても実際に入金されなければ利益＝キャッシュとはなりません。これら二表だけではわからない関連する現金預金の取引を捉えて、その「出」と「入」を調整するものがCF計算書です。

どうもこの辺のことが特に若いホテルマンにはわかりづらいらしいです。売上高という収益と原価諸経費との差が利益という認識と、現預貯金などのキャッシュの増減の認識には乖離があります。読み進めていけばこの2つのそれぞれの違った認識を理解されることと思いますが、若いホテルマンたちは不満そうに真顔で「なんだか難しそうで……。利益はキャッシュじゃないのですか？　どう考えても納得がいかないのですが」と、ほぼ戸惑い気味に言われます。これから学習していきますが、実態は、多くの幹部の人たちや経営に携わる人たちでさえも認識不足のようです。学習してきた2つの財務諸表と、そしてこのCF計算書の公式図を次の通りに参照ください。

損益計算書　利益＝収益－費用
貸借対照表　資産＝負債＋純資産
ＣＦ計算書　キャッシュフロー＝入金－出金

上場企業はこのＣＦ計算書の報告義務があります。１年を通してのお金の入金と出金の動きのことで、特に金融機関が注目する財務諸表です。未上場企業はその提出義務はありませんが、私は未上場でも作成すべきであると考えます。怖いのは、損益計算書上では利益が出ているのに実際は現金がショートしていたという黒字倒産です。企業活動において「お金」の存在は欠かせません。大袈裟でもなんでもありません。まさしくお金（キャッシュ）は企業の存亡を左右するものなのです。

１－２　黒字倒産

貸借対照表では企業のある時点での財産のストックを見ることができました。損益計算書ではある期間の損益のフローを、つまり諸活動を通して儲けた否かの収益性を見ることができました。このＣＦ計算書は、ある一定期間の実際のキャッシュの増減を見るものです。言い換えると、収益はいつも入金ではなく、費用もいつも出金ではないということです。さらに利益は概念で、すべて手に取ることのできるキャッシュではありません。矢島雅紀『決算書はここだけ読もう／２０１３年版』（弘文堂、２０１２年）の48ページに「現金は企業にとっては血液」との記述があります。つまり、流れがよくてかつお金が残っていくことが企業にとって最も望ましい状態であると、企業の現金を人間の血液に例えています。実に言い得て妙です。

黒字倒産は、利益とキャッシュを混同してしまい、気がつけばキャッシュという血液が流れていない、不足していたという事態のことです。私も当初は「黒字でも企業は倒産するのか」と不思議でしたが、後年、会計の学習中に「お金の出入りは別物」という概念があることを知りました。逆に言えば、お金さえあれば赤字続きでも企業はある程度、時間を稼いで持ちこたえながら倒産回避もできるということです。

１-３　ＣＦ計算書とは

「当社は大丈夫だろうか」という雑談を、関連セミナーでよく耳にしました。コロナにかかわらず、企業はキャッシュがなければ健全な経営継続は無理です。この概念が希薄だととても危険です。「大丈夫、しっかりと、なんとか、利益を出しているから」という発言もこの雑談時にありました。「ＣＦ計算書は作成していますか」という私からの皮肉の一言には無言でしたが……。また、経理に詳しい人が「うちのホテルは上場企業ではなく、提出義務はなかったので」と発言されていましたが、提出義務の有無にかかわらず、社内でこのＣＦ計算書を、自主的にきちっと毎期作成しておくことは重要です。

世の中の多くの倒産する企業は、このＣＦ計算書を軽々に考えて無視する傾向がありました。企業からキャッシュが不足またはなくなる状態になれば早晩、債務超過や倒産の方向に向かいます。つまり「貸借対照表と損益計算書とを作成していれば大丈夫」と信じている多くのホテル旅館が利益とキャッシュを混同していて、本章冒頭で述べた「勘定合って銭足らず」になるということです。利益はキャッシュの源泉ですが、それはすべて利益＝キャッシュではありません。入金までには時間的なズレがあるのです。

損益計算書は、基本「想定」の世界と言われます。売上が生じても実際の入金はいつも同時とは限らず「入金されるはず」の世界です。ＣＦ計算書は「入金の記録」と「出金の記録」で、1年を通しての実際のお金の増減の記録です。つまり前者は想定で後者は現実ですから、両者は決定的に違います。ＣＦ計算書は文字通りキャッシュの世界で、学習した2つの諸表とは違う第3の財務諸表です。損益計算書にも貸借対照表にも、現金や預金の動きを示す勘定科目は出てきません。つまり両者はお金の流れに関する商取引、つまり「動き」とは無縁なのです。だからこのＣＦ計算書が必要になるのです。

1-4　タイムラグというズレ

タイムラグという言葉があります。英語のラグ（lag）で「ズレ」の意味です。会計上では記帳と現実のズレのことです。繰り返しますが、損益計算書の収益を記帳しても、該当する収入はいつも同時に入金されず、同様に費用にもズレが生じて記帳時に実際の出金とはなりません。例えば食材の棚卸資産は仕入原価であり、売れるまでは売上原価としての出金は発生しないことをこれまでに学習しましたよね。

また、ＣＦ計算書には特定の決まった書式はなく、その作成開示を求められるのは上場企業のみです。非上場企業は任意ですが、私は自主的に作成すべきだと思います。財務三表全部揃って一人前です。このキャッシュフローは実際の「お金の収支」のことですから、非常に大事な企業の方向性と将来の展望や投資活動、関連財務などを教えてくれる諸表です。私はＣＦ計算書を重要度の面から高く評価しています。ＣＦ計算書がどのようなものなのかは、図表8の「キャッシュフロー計算書」を参照してください。

1-5　3つのフロー

続いて、ＣＦ計算書の基本構造について学習します。キャッシュフローのプラスとマイナスの意味するところを学んでください。ＣＦ計算書は、①営業活動によるキャッシュフロー、②投資活動によるキャッシュフロー、③財務活動によるキャッシュフロー、そして期首と期末の現金残高の出入りと増減の記録を、補完的にして一体化して見るものです。

①の営業活動によるキャッシュフローは、営業活動は通常の業務からの資金の流れとその増減を捉えるもので、持続的な本業の儲けからのキャッシュフローです。平たく言うと、どれほどのお金がどのような形で動いたのかを見るものです。

②の投資活動によるキャッシュフローは、会社が発展していくためのいろいろな将来的な投資の動きを見るものです。

③の財務活動のキャッシュフローは、文字通り財務の面からのキャッシュフローを見るものです。

これら３つの現金と現金同等物の増減を見ていくことで、企業の展望と持続可能性（Sustainability／サステナビリティー）の可視化さえもが可能です。つまりキャッシュ経営の基盤と言えるのがこのＣＦ計算書です。潤沢なキャッシュ（現金）は、ビジネスの稼働に欠かせない投資への積極姿勢、事業への先見性と効率性の創出を可能にし、それが展望すなわち将来性につながります。３つのキャッシュフローを見ていきましょう。

1-6 営業キャッシュフロー

一番重要な営業キャッシュフローから説明します。図表8の「キャッシュフロー計算書」を見てください。これは本業の儲けからのキャッシュです。つまり損益計算書の「税金等調整前当期純利益」からスタートして現金の「出」と「入」を調整算出していくものです。この営業キャッシュフローは、キャッシュを稼ぐ源泉です。営業キャッシュフローがマイナスだと企業の存亡にかかわってくるし、恒常的なマイナスであれば考えなければならない事態と言えます。

例えば、売掛金は売上ですが実際の現金は入金されてはいません。だから「売掛」と呼ばれます。それは仮定の売上でしかないのです。図表8の通り、CF計算書で売上債権の増減額という項目で売掛金を引き算して調整しています。では買掛金はどうでしょう。同じ理屈です。「掛け」の仕入債務ですから、仕入債務の増減額の項目で、現金はまだ支払っていない仕入債務の増減で足し算です。また前期以前に遡及しての売掛金が入金されたのならその分は足し算されます。同様に買掛金も遡及して支払ったのなら引き算されます。引当金も同列で、実際にお金が出ていくわけではありません。これらは売上債権の増減と仕入債務の増減という勘定科目で調整されます。このようにお金の「出」と「入」は、損益計算書や貸借対照表だけでは動きが見えないため資金繰りが悪化してしまう恐れが生じます。この意味でCF計算書は企業形態や上場未上場に関係なく義務化されるべき重要指標だと思います。

また、この営業キャッシュフローがプラスであれば本業からの儲けで事業活動を行えていることになります。認識しなければならないことは「自らキャッシュを稼ぐ源泉はこの営業キャッシュフローしかない」ということです。企業が固定資産を購入したり借金を返済したりすることができるのは、この営業キャッシュフローが稼げているからです。また、投資活動や財務活動に起因する不足分も補填することを想定しておかなければなりません。なんとしてもこの営業キャッシュフローはプラスにしておく必要があります。マイナスが２期以上続いたらサッカーでいうところの「レッドカード」と思ってください。増資をしたり会社の資産を売却したりして資金を調達することもできますが、大事なのは営業キャッシュフローがいつも経営上プラスの状態であることです。

コロナ禍の時期にいろいろなホテル旅館の経営者とお話しさせていただきました。ＣＦ計算書のことも話題になり、「損益計算書の利益ばかりを見ていた」、よって「営業キャッシュフローの認識が希薄であった」という実態も明かされました。企業経営で最も重要なのは「お金」です。キャッシュフロー経営とよく言われますが、まさしくその通りなのです。

ここで、繰り返しになりますが減価償却と棚卸資産についても触れておきます。減価償却費は損益計算書のところ（１‐10‐４　管理費）でも説明しましたが、覚えていますか。これは実際にキャッシュが出ていくものではありません。要は「計上、しかしキャッシュアウト」はないということです。レストランの改装改築と同時に新型の厨房機器の購入代金とで１億円を投資したとします。これを1度に損益計算書内の費用として一括計上することはしません。法定年数に準拠しながら、利用年数に応じてそれを例えば10年使用可能の場合は、毎年1000万円ずつを償却計上していくものです。実際にはお金は動いていないのですから、その償却部分は足し戻さなくてはなりません。また、この購入時の1億円と混同しないように。それは有形固定資産に計上されます。

また、棚卸資産は要注意事項です。つまり在庫です。在庫は使われるまでは「塊」でしかありません。また増加すればするほどキャッシュフローは悪くなります。さらに在庫は生産性がゼロです。そして仕入れた在庫は前述通り「仕入れた食材飲料の売れた分だけが原価」でした。覚えていますか。「仕入＝原価」ではないのです。売れていないものは貸借対照表に眠っているだけです。これらを頭に入れて、同様に足し算と引き算を駆使してキャッシュフローの調整を行います。

ホテル旅館業界では先述通り仕入れた食材はいったん棚卸資産に入り、実際の需要に比例しながら料理されます。料理されて売れた分だけが原価です。仕入原価と売上原価とを混同しないように。経理会計部、用度購買部、そして料理料飲部門の4部門はこのことを理解して協働し合いながら各責任を分かち合います。繰り返しますが、在庫は使用するまでは「塊」でしかありません。そしてＳＣＭ（サプライチェーンマネジメント／供給連鎖管理）の導入で管理業務に在庫が活気づいて、キャッシュフローがより改善されるようになります。同時に相互に関連し合う部署部門が原価意識をさらに向上させて、今業界で問題視されている「食品／食材ロス」にも注意して対応していくことになります。

過剰な在庫は営業キャッシュフローを悪化させます。仕入れでキャッシュを使っているからです。営業キャッシュフローと損益計算書と貸借対照表は３者合体にしてキャッシュの存在を明確にするという一つの目的を遂行するものです。

営業キャッシュフローには基準値があります。会社の総売上高からキャッシュをいくら創出したかがその指標になります。売上高との対比で評価がきちっと出ますので、キャッシュフローマージンという指標をしっかりと学習してください。次がその計算式です。

キャッシュフローマージン＝営業キャッシュフロー÷売上高

このキャッシュフローマージンはもちろん数字が大きい方が良く、10％あれば優秀と言われます。ただ現金商売か否かでもこの評価率は違ってきます。ホテル業界は概ね現金商売です。この10％以上も難しいとは思えません。

加えて、次の売上高成長率も見ます。正比例して売上が伸びてくれればキャッシュも伸びてくれます。

売上高成長率＝（当期売上高－前期売上高）÷前期売上高

また、この売上高成長率で成長商品か成熟商品かもわかります。成熟商品とは成長期を経て売上が鈍化か微減傾向にあることの意味です。売上の推移を検証することは現金の源泉の推移を見ていることになり、同時に成長なのか成熟なのかがわかります。成長は進行の途上で、成熟は終了途上とでも言いますか、その推移に注意しなければなりません。この推移で、競争力が維持されているか、消費者のニーズに応え続けているか、価格は顧客に支持されているかなどが見極められます。

繰り返しになりますが、入金を増やす確実な方法は「売上の最大化」と「コストの最小化」です。そして、それは如実にＣＦ計算書に表れます。また売上背景も注視しなければなりません。内部要因に起因したものか、外部要因に起因したものかを知るということです。外部要因に大きく影響を受けた例ですが、現役の終盤、私は北陸のある都市ホテルの代表取締役でした。２０１１年の東日本大震災の直後に赴任し、震災の〝反動需要〟を享受して、宿泊部門の高稼働と料飲部門の新需要を経験しました。前年対比で売上高成長率は大幅な伸びとなり、この反動需要で成長高の記録を作りました。

外部要因は予想の難しいもので、大幅な伸びやその逆の落ち込みなどをもたらします。同大震災は保険各種、建設建築関係、土木関連、ガス電気諸設備関連、警察関連などでホテルは連日満室状況、料飲部門も連日満席と内容的にもＦＬコスト（食材と人件費の2大コスト）の飛躍的な改善となりました。不幸な事故の発生や震災などは時としてこのような需要をもたらしてくれます。付記しますが、これらは極めて損益計算書的な内容ですが、本業の営業活動に起因するキャッシュフローの源泉です。

１-７　投資キャッシュフロー

次に、投資キャッシュフローです。投資ですからお金が出ることになってキャッシュフローは必然的にマイナスになります。有形固定資産の購入や、客室や料飲部門の増改築などの投資です。営業キャッシュフローとこの投資のキャッシュフローは常に両輪です。つまり前項の営業キャッシュフローは積極投資の源泉であって原資でもあります。これは事業活動の健全な「姿」です。どういうことかと言いますと、営業キャッシュフローでは大いに儲け、投資キャッシュフローで文字通りこれを積極的に使います。「使う」という意味はこの章の冒頭でも記述しましたが、それは「未来への投資」を見据える事業行為です。この逆のパターンは保有資産や設備関連の売却などでお金が入ってくる状態ですからプラスになります。

すでに貸借対照表の固定資産のところでも触れましたが、投資キャッシュフローの積極性を判断する指針として減価償却費との関連性を見る必要があります。つまり、資産の償却分と設備投資の推移を比較しながら経営判断を行うという意味です。この推移を見ることで企業の投資への積極姿勢がわかります。端的に言いますと、資産が減る状況と新たな資産の増加分との事業対比のことです。すなわち、新たな資産の購入と資産の売却との差が減価償却費よりも大であることで、これは企業の成長度を見るものです。この逆は減価償却費の方が大の場合で投資の不十分度が指摘されます。

投資と事業の成長は、投資内容とその規模に裏打ちされるように深い関係にあります。自社ホテルを検証してみてください。ホテル旅館は装置産業です。装置そのものが商品です。老朽化すれば投資キャッシュフローの対象となります。

追記として、この投資関連の「引当金」をあえて導入された福島市のある著名な旅館の経営者の話を紹介します。引当金とは、すでに学習されたように将来の支出への先取りみたいなものですが、この概念を投資に充当して「投資引当金管理委員会」を設置されたのです。修理修復修繕関連の投資や新設備への投資は資金的な余裕がなければ消極姿勢になって実行の難しい経営判断になるものです。そこでこの委員会を立ち上げて、将来投資を視野に入れながら定期的に全館の施設を点検し、さらに「社内原価経費管理委員会」をもドッキングさせて「施設、投資、資金面」を透明化して投資への引当金制度を樹立したのです。原価経費管理委員会の詳細については、第1章の「1‐11‐2　原価経費管理委員会」をご参照ください。

その結果、旅館は老朽化を感じさせない、新しいものと古いものがうまく調和された温故知新型の施設となりました。なお、資金面の負担が生じなかった場合は、該当する引当金は戻入益としてプラス計上するという話でした。据え置いて留保金とすることも一考に値します。引当金制度の導入とともに設備投資の可視化ということになります。期初の目標設定時にもこの引当金制度によって日頃からの老朽箇所の特定が速やかに行われて、無用な「小田原評定」がなくなったそうです。

バブル経済が終焉して以来、設備投資は影をひそめていました。今それが息を吹き返して活気を取り戻して拡大傾向にあります。ホテル旅館業界もコロナの第5類移行間近当たりから設備投資に向けて積極姿勢が顕著になりました。人手不足の問題解消でも本格的に人事関連投資を横目で見ながら経営の刷新が図られているそうです。つまり人の問題と賃上げの問題です。その先には付加価値の最大化につながっていくものと思います。とはいえ、装置という設備そのものが「商品」ですから、設備への投資や老朽化対策には「金」がかかります。キャッシュフローは必要不可欠要素なのです。上場・未上場にかかわらず、ＣＦ計算書の作成は必須だと私は思います。

リピートしますが、日本の企業には内部留保が６００兆円以上ドッサリあると言われています。設備投資などはこの内部留保に換算されていますが、現金預金などの流動資産は２００兆円以上とも言われてかなりの潤沢度です。このあたりのことは大村大次郎氏が『決算書は３項目だけ読めばいい』（ＰＨＰ研究所）で詳しく説明されています。投資状況はさらにこれから前向きに加速して健全にして活発な投資が行われるものと考えます。バブルの時と全く違った経営投資環境が樹立されていくものと思います。

私は、現在の企業の業績好調時には2つのことに着手する責務があると思っています。それは言うまでもなく「社員還元」と「投資」です。企業は投資には熟考しながら積極的に臨む姿勢を顕示実行しますが、社員還元には足踏みをします。いつもそうですね。内部留保では必ず

「賃上げ論」が議論百出となります。賃上げはこの内部留保の事象前に議論すべき課題です。社員還元を考えるべきです。その還元策で社員に報いることを考えてはどうかと切に思うものです。

私は現在も日本とシンガポールを行き来していますが、ここ数十年で日本は多方面においてこのシンガポールに追い抜かれました。特に平均給与ではこのシンガポールに何倍も大きく差をつけられました。経済情勢も起因していますが、これは平成時代にある超大手企業が賃上げに難色を示し続け、日本特有の「横並び姿勢」でほかの企業も賃上げに踏み切らなかったという〝後退企業〟の実例があります。このことがまだ尾を引いているのか、と思ってしまいます。

世のサラリーマンは決算書を読まないのか、読めないのか、会計にそもそも関心を抱かないのだと私は思いますが、特にホテル業界の財務リテラシーが上がればと切に思います。この先、大胆な賃上げが本当に期待されます。いささか投資フローの話が横道に逸れましたが、企業は時として原材料の高騰を価格に必然的に転嫁させますが、その商習慣を同時に正比例して賃上げに大幅に転嫁させて価格高騰と相殺させれば良いと思います。とにかく社員には形を変えて還元すべきです。価格転嫁については「第1章　損益計算書」で説明しています。

１-８　財務キャッシュフロー

３つ目は財務活動によるキャッシュフローです。金融機関からの借入金や社債発行などの財務活動に起因する場合は入金ですからプラスとなります。同様に社債の償還や借入金返済などは出金になりますから逆にマイナスです。また図表８「キャッシュフロー計算書」の通り、株主関連として株主への配当金の支払いや自社株買いなども出金ですからマイナスとなります。難しく考える必要はありません。要は資金の調達と返済の動きを表すお金の出と入りで、お金を借りれば当然増え、返せば減ります。ひと口に言えば、調達と返済のフローです。

また、この財務キャッシュフローが流動性ある日常の営業活動の資金繰りとしても使用されます。企業の成長のための投資活動の支援のみが財務キャッシュフローの目的とは限りません。５月16日の読売新聞に、コロナ禍のために多くの企業の業績が低迷した影響で、手元資金を厚くするために社債の発行枠を昨年より倍増させたといった記述がありました。調達資金は設備投資や借入金返済、また運転資金などにも充当されたことが詳細に書かれていました。このように財務キャッシュフローがプラスになれば、入りで借入金が増えることになります。マイナスは借入金返済と配当金支払いや自社株買いでお金の出となります。これが財務キャッシュフローです。借入金などは借り入れが増えるのですから後ろ向きの経営姿勢と言えます。財務キャッシュフローはマイナスの方が安全で健全と言えるわけです。

もう一つ皆さんに学習してほしいフローがあります。それはフリーキャッシュフローという概念です。これは、すでに学習済みの営業キャッシュフローと投資キャッシュフローを使って計算します。

フリーキャッシュフロー＝営業キャッシュフロー－投資キャッシュフロー

これは投資キャッシュフローを営業キャッシュフォローでまかなうということになります。営業キャッシュフローは基本プラスが前提です。

ある会社の話ですが、バブル最盛期、超過大な投資でフリーキャッシュフローがマイナスに陥りました。バブルが弾けて瞬く間に民事再生法適用という事態になりました。営業キャッシュフローでは到底まかないきれない過度な投資が原因で、フリーキャッシュフローがマイナスになってしまった、と後日側聞しました。

とはいえ、「事業には謙虚さが伴うもの、よって緻密な事業計画が施される」とフリーキャッシュフローをあまりにも重視し過ぎると、萎縮してしまって事業チャンスを見逃してしまう恐れも出てきます。当時、バブルに多くの人が踊らされて、気がつけば身ぐるみすべて剥がされて路頭に迷ったという話もありました。会計は軽視するものではなく、教えてくれるものです。

１-９「稼ぐ」と「使う」と営業キャッシュフロー

営業、投資、財務とそれぞれのキャッシュフローを見てきました。では評価のできるＣＦ計算書とは？　それは基本に忠実であることです。営業キャッシュフローの本業の儲けからキャッシュをしっかりと稼ぎ、次に投資キャッシュフローで設備投資を筆頭に固定資産や株や債券への投資をも行い、同時に財務キャッシュフローで財務の改善を図る。資金面という企業の懐具合などの、調達と返済の動きの調整支援、さらには株主還元を前向きに実施すること。そして営業活動、投資活動、財務活動の合計がプラスであることです。財務三表の最後のこのＣＦ計算書の仕組みを簡潔にまとめると次のような構図になります。

✔・営業キャッシュフロー／稼ぐ
✔・投資キャッシュフロー／使う
✔・財務キャッシュフロー／使う

合計キャッシュフロー／必ずプラスであること。

これらの合計が営業キャッシュフローの金額を超過していないこと、これがバランスの取れたＣＦ計算書で基本形となります。まことに理に適ったこのキャッシュフローの企業経営だと考えます。

1-10　提出義務と作成

ＣＦ計算書は上場企業以外は提出義務がないとすでに言及しました。ただ、社内的にキャッシュの実態を常に把握しておくことは大事です。これを怠ると企業内におけるキャッシュの「顔」が見えなくなってしまいます。第1章の損益計算書や第2章の貸借対照表のところで学習してきましたが、キャッシュとして使える勘定科目は流動資産の現預金などの手元流動性で、損益計算書の中の利益関連勘定科目などはキャッシュの源泉ではありますが、キャッシュそのものではありません。実際、総支配人を筆頭に幹部社員の人たちもこのキャッシュフロー計算書を概念的でなく、財務諸表として学習されることは言をまたないことです。

繰り返しになりますが、私はこの財務三表の中でお金の「出」と「入り」を見るこのキャッシュフロー計算書を特に重視します。理由は「会社は安泰か」ということがわかるからです。同時に投資するだけの十分な「お金」があるか、つまりキャッシュリッチであるか否かの判断がつきます。その裏づけが先述のキャッシュフローマージンです。そして同時に投資事業をも教えてくれます。まさしく「キャッシュフロー経営」というものです。学習したように、まずは「営業キャッシュフロー」という打出の小槌」でキャッシュを稼ぎ、それでもって投資を促進してかつ財務の補強を行うという、この健全なキャッシュフロー経営を実践可能ならしめることが真に重要です。

１－11　資金繰り表

資金繰り表は、あくまでも内部資料という位置付けです。主にその作成目的は短期的なお金の流れ、管理、工面、そして文字通り資金繰りの予測です。事業形態に準じて例えば１カ月単位など決められた期間ごとに作成するものです。内容的には営業収支関連、現金収支、その他販管費、財務支出、税関連などです。図表９「資金繰り表」をご参照ください。資金繰り表は作成や提出の法的義務などはなく、それぞれの管理会計に沿った会計基準で作成すれば良く、標準化されたフォーマットもありません。

第4章　ROEとROA

1-1　ROAとROEの違いとは

損益計算書、貸借対照表、そしてキャッシュフロー計算書の財務三表の学習を終えて、皆さんのランクはすでに上がっています。企業に対する皆さんの接し方もこれからは違ってくるものと思います。会計は企業に働く者にとっては必要不可欠なものと、今さらながら私も深く再認識しながら本稿を書いています。

この第4章では、ROEとROAという最近特に注目の経営指標を学習します。皆さんはこの2つの重要な経営指標をお聞きになられたことはありますか。

私がホテルの総支配人として従事していた頃、縁あって経理関連のセミナーに出席したことがあります。その頃にはすでに自己資本利益率のROE（Return on Equity）や総資産利益率のROA（Return on Asset）などの利益効率や資産効率の話を頻繁に側聞し、各紙上でも取り上げられ、たくさんの関連書籍も盛んに書店で売られていました。

ただ驚いたのは、このセミナーでROEやROAを理解していた出席者は数人ほどだったことです。会計の専門家である講師が「ROEとROAとの違いは？」という質問をされた時に、たぶん私が一番年配の出席者だったので遠慮しながら挙手をし「ROEは株主が主役、ROAは会社が主役」というような発言をしました。外れではないがもう少し詳しく、という講師の返事でした。

その後、新聞紙上では続けて「経営指標の中で重視されるＲＯＥ」というような見出しで多くの経営者や評論家の人たちのコメントが目につきました。以来、このことを気に留めていましたし、関連書籍も数冊購読しました。読書などで自分に投資をすることは大事ですからぜひ皆さんにもお勧めします。解説はＷＥＢサイトでも読めますが、まずは活字媒体でしっかりと学習する方が身に付きます。読み進めるにつれてＲＯＥもＲＯＡも両者等しく重要であることがわかり、それは損益計算書と貸借対照表の２つの視点から見る指標であると理解されるでしょう。それでは詳細に自己資本利益率と総資産利益率を見ていきます。

１‐２　自己資本比率

貸借対照表の右下の純資産の中の自己資本について触れます。これは今から学習するＲＯＥに関連するものです。また後述するこの純資産にも再度触れていきます。

多くの場合、会社が経営危機に見舞われる時は負債が原因になります。それは有利子負債で、安全性が脅かされるからです。しかし、もし返済する義務がないこの純資産だけで資産をまかなっていたとすれば会社の安全性は保たれます。負債という他人資本がないのですから。

つまり左側の資産の部を右下の純資産でどれほどまかなっているのかという指標、それが自己資本です。これらについては貸借対照表で学習しましたね。今一度ここで復習しておきます。

それは株主持分のことで、資本金、資本剰余金、利益剰余金、自己株式、そして評価換算差額を含めての自己資本です。ただ株主資本も、自己資本も、そして純資産も、それぞれ大きな違いはありません、本稿でもそのつど、私は使い分けします。本項の自己資本比率はＲＯＥの自己資本利益率に直接関連する指標のことです。

１‐３「純資産」のおさらい

ここで返済義務のない貸借対照表の中の純資産のおさらいです。図表６「貸借対照表‐１」の右側「純資産」を参照してください。ここではまとめてありますが、株主資本とは、①資本金、②資本剰余金、③利益剰余金、④自己株式の合計のことです。自己資本とは、これに⑤評価・換算差額を加えたものです。さらに純資産は⑥新株予約権と⑦少数株主持分を加えたものです。また自己資本関連については必ず「率」と「額」の両方の数字を学習するようにしましょう。

１　**株主資本**　資本金、資本剰余金、利益剰余金、自己株式
２　**自己資本**　資本金、資本剰余金、利益剰余金、自己株式、評価換算差額
３　**純資産**　資本金　資本剰余金　利益剰余金　自己株式、評価換算差額、新株予約権、少数株主持分

※注釈　自己株式は消却前提で自社株を購入するのでマイナス計上とします。後述します。

純資産を要約すると、株主が支払った資本金関連と累積されてきた利益剰余金のことです。また勘定科目ではない内部留保とも言われます。会社のお金ですから返済義務は当然ありません。貸借対照表を振り返ってご参照ください。

そして表題の計算式は、

自己資本比率＝自己資本（＝純資産）÷資産

すでにお気づきのことと思いますが、貸借対照表の「純資産の部」について、ここでほぼ繰り返しています。この章のROEとROAは、自己資本抜きでは説明を全うすることができません。あえて前章を重ねて再説しながら次項につなげていこうとする試みです。それは、例えば、前提みたいなものです。

それではこの章の本筋に進みます。

1-4　ROE

第1章の損益計算書では売上利益、営業利益、経常利益、税金等調整前当期純利益、そして当期純利益と5つの利益を上から順に段階的に学習しました。その中でこれから学習するROEに関係する指標は、最後の当期純利益です。会社がより重視し、株主に帰属する利益だからです。そして貸借対照表の右下の純資産の株主資本との比較で自己資本利益率のＲＯＥを算出します。この意味は株主から預かっているお金でどれくらいの利益を得たのかの重要指標のことです。それは皆さんが学習された純資産の中の株主に帰属する株主資本の資本金、資本剰余金、利益剰余金、そして自己株式（後で詳述）を指していることです。当然それは等しく会社全体の利益でもあるということです。計算式は次の通りです。

自己資本利益率＝当期純利益÷自己資本（株主資本）

よく見てみると、分子は毎日のように皆さんが口にするＧＯＰ（営業利益）でもケイツネ（経常利益）でもないことに気づくでしょう。ホテル旅館業界でまず教えられるのは売上から売上原価を引いて売上利益を出し、そこから販管費を差し引いて本業の儲けのＧＯＰを出すということです。皆さんが入社後に学習される1番目の経営指標がたぶんこのＧＯＰだと思います。

これから、より多くの経営指標を駆使することを学習していきますが、このＲＯＥで使われるのは前述通り損益計算書の当期純利益です。この分子の当期純利益を分母の株主から預かっているお金の株主資本で割って算出する指標となります。これが注目のＲＯＥです。続けて、詳細に皆さんと一緒に学習していきます。

1-5　ROEの分子

ＲＯＥという自己資本利益率を高めるためには経営的にどのような手法が考えられるのか、というきなりの問題です。リピートしますが、分子の当期純利益とは損益計算書の勘定科目の5つ目の最後の利益でした。つまり株主に帰属する当期純利益のことでしたね。そしてこれを上げる手法は2つあります。一つは「売上の最大化」であり、もう一つは「原価と販管費を下げる」という、損益計算書の「原価経費管理委員会」のところで触れた、商品の品質を落とさずに出を制することで、当期純利益を上げる正攻法です。

すなわち、皆さんが日夜努力奮励されている本業の儲けの営業利益と本業以外の儲けの経常利益を出すことです。それは今まで馴染みとされている損益計算書に向かうことですが、皆さんの意識の持ち方がこれからは断然違ってくるのです。実はここで改めて認識してほしいことは、皆さんが損益計算書を習い始めた時にはすでにＲＯＥに深く関与されていたという事実です。早い段階から株主に対峙していたということでもあります。これからはＲＯＥの学習とともに企業への取り組みの考え方がさらに深くなってくるはずです。皆さんは利益性向という重責を担っています。つまり経営への参加意識をしっかりと持ってください。

参考までに飲食業の平均ＲＯＥ値は２０１８年度でだいたい7％程度、そして宿泊産業は7～9％と推論しています。この２０１８年はコロナ前です。加えて、業界の平均値は常に注視し、遡及して3年推移を見ることも大切です。それは自分たちの立ち位置はどうか、そして成長しているかがわかるものです。この2つはとても大切な基準値です。同時に、もう一つの判断材料として「伊藤レポート」に触れます。これは経済産業省で実施されたプロジェクトをまとめたレポートであり、企業の長期的な成長を目指すための取り組みや指針が報告されています。中心になった会計学者伊藤邦雄氏の名を冠して呼ばれています。

ＲＯＥやＲＯＡの関連書籍には必ずと言って良いほどに、この伊藤レポートの「8%説」が出てきます。

小宮一慶氏の『「ＲＯＥって何?」という人のための経営指標の教科書』（ＰＨＰ研究所）の126ページ〜）にも「**ROE＞株主の期待利回り（国債金利＋α）**」と詳説されています。一読されることを推奨します。なお、このＲＯＥは上場企業に該当するもので非上場企業には直接該当しませんが、企業に働くものとして教養という位置づけでぜひこの機会に修得してください。

1-6 ROEの分母――自社株買い

それでは、分母の方はどうでしょうか。これがＲＯＥを上げる奥の手で、とても算数的ですが、前述の分子を上げる戦略と、分母を下げる戦略のことです。分母とは自己資本でしたね。

これを極めて簡易的な方法で下げるのです。これが多くの企業で行われ、新聞紙上でもひと頃頻繁に取り上げられていた「市場での自社株買い」のことです。つまりこのＲＯＥを高めるために、即効かつ恣意的に負債比率を高める手段です。手短に分母を下げれば株主資本や自己資本は下がるということです。当たり前のことですね。分母が下がれば求めるＲＯＥは必然的に上がります。つまり貸借対照表の右下の純資産が減ることになります。純資産を見てください。自己株式△となっていますね。つまりマイナス表示です。なぜ、こうなるのでしょう。次のように説明します。

分子の当期純利益を上げて、分母の自己資本を下げるとはどういうことかと言うと、表題通りの自社株買いという自己株式を取得し、それは取得後に消却されやすくなって、巷《ちまた》の発行株数が必然的に減少して、よって１株の価値が上がることになります。配当も上昇基調となって株価も上がります。株主や投資家の人たちが最も喜ぶことです。よって企業側はこぞって自社株買いを実施して速やかにＲＯＥを上げようと試みます。それは悪いことではなくて、ある意味――むしろ奨励すべき業務だとも言えます。ただ企業の置かれている財務現況を慎重に鑑みて実施されなければならないことです。ということで、自社株買いというのは有効にして即効性のあるＲＯＥを上げる奥の手です。

ところが、です。モノには限度があります。この自社株買いをやり過ぎると、財務的に会社は時としておかしくなります。株主が喜ぶＲＯＥは上がりますが、重要指標の自己資本比率が逆に下がることになります。ということは純資産という会社の安全性が脅かされます。

再三言いますが、これは株主資本からどれくらいの利益を効率よく稼いだかの指標と、純資産を減らす自己資本比率を低下させてROEを高める手法です。二律背反的な事態が生じる利益相反です。要は、自社株買いは「過ぎたるはなお及ばざるがごとし」で本来は安易に取る手段ではないと思います。つまりROE指向なのか、あるいは自己資本比率を重視していくのかの二者択一ではなくて、慎重に事業環境を見極めながらROEの方向性を決定していくという経営判断であるべきなのです。

さらに、この自社株買いの資金ですが、通常現金で行うので貸借対照表の現預金が減ります。現金は最も大事な勘定科目です。つまり、大袈裟な表現ですが火に油を注ぐみたいなもので、安全性がさらに脅かされます。ある社員が「えー、自社株買いってタダじゃないのですか」と素っ頓狂な声を発していました。また、借入の場合でも負債が増えるだけのことです。

自社株買いは熟慮熟考の上で行うべきです。基本は潤沢な自己資本の上の負債をうまく利用するという業務拡張であるべきです。安易な裁量には再考が必要です。

1-7 財務レバレッジ

貸借対照表の中でも触れましたが、私もレバレッジという用語を知りませんでした。時として、難解と言われる経理会計の世界ではこのような英語表示が使用されます。財務レバレッジとは「有利子負債」のことです。皆さんは小学校の時に理科で「てこ」の原理を勉強されたでしょう。小さな力で大きな物を動かす原理のことですが、会計の世界では、それをレバレッジと言うそうです。つまり負債を「てこ」として使用し、大きな生産性を生み出すことで、それは借入金という負債で投資チャンスを拡げることです。そして総資産が自己資本の何倍になるのかを判断する数値のことでもあります。言い換えると、総資産と他人資本の割合です。ということは、他人資本がこの「てこ」となり、総資産が変化する意味です。計算式は、

財務レバレッジ(倍)＝総資産÷自己資本

繰り返しますが、財務レバレッジが高くなれば（倍）、また高過ぎると、会社の経営は借入金などで圧迫されてきます。逆に、1倍だと「てこ」なしの自己資本だけで経営していることになります。皆さんはこれをどう思われますか。賛否両論となりますね。定説ではこの「てこ」の原理を利用してビジネスチャンスを逃さないことが生産性を高める潤滑油になると考えられています。当然のことですが、「財務レバレッジ(倍)＝総資産÷自己資本」の計算式に準拠しながら、慎重にして健全な借入金でしかも事業を伸ばす事業行為であるならば奨励されるべきだと考えられます。

ただこの財務レバレッジの計算式ですが、自己資本比率と逆さまになっていますね。それは「自己資本÷資産」のことです。自己資本比率は学習してきた企業の安全性比率のことです。

リピートしますが、この計算式は比率を低めるほどにROEを高めることができると言っているのです。そして多くの会社が自己資本比率を低めても前述の自社株買いを敢行しています。これは意図的に借入れを行って負債比率（負債÷純資産）を高める経営行為のことですが、株主は喜ぶことになるでしょう。つまり株主は負債比率に関係なく、ROEが上昇すれば良いことで、関連してくるところの「果実」はいただきますという結果になります。なんとなくこれは腑に落ちない経営現象でしょう。

1-8 ROEとROAの分解式

次項のROAに進む前に今一度このROEの実態を更に深く学習します。それはROEとROAの分解計算式です。売上高利益率と総資産回転率にご注目ください。

ROE（自己資本利益率）＝当期純利益÷自己資本×100

なお、ROEは、次の式でも求められます。

（純利益÷売上高）×（売上高÷資産）×（資産÷自己資本）

売上高利益率×総資産回転率×財務レバレッジ

ROA×財務レバレッジ

ROA（総資産利益率）＝純利益÷資産×100

また、ＲＯＡは次の式でも求められます。

（純利益÷売上高）×（売上高÷資産）

売上高利益率×総資産回転率

繰り返しになりますが、「財務レバレッジ」は自己資本比率の逆数ですから、自己資本比率を下げながら（＝安全性を低めながら）ＲＯＥを高めることを意味します。更によく見てくださ い。ＲＯＡに財務レバレッジを乗じるとＲＯＥが導き出されます。つまり高いＲＯＡは高いＲＯＥを生んでくれます。もっと言うと、主役はＲＯＡということになります。そして必然的にＲＯＥはＲＯＡに依存しているということもわかります。企業の自己資本比率という安全性と、ＲＯＥとの交換というわけです。

ＲＯＥという自己資本利益率とＲＯＡという総資産利益率を分解すれば、自ずと上記計算式の売上高利益率や総資産回転率になることがわかります。売上高利益率は利益を左右し、回転率は企業の資産効率の売上を左右しますので、両者を見極めることが重要です。

1-9 ROA

ROAを算出する分解計算式「**総資産利益率＝総利益÷資産**」の分子は損益計算書上のそれぞれの利益で、分母は貸借対照表の資産でした。このROAは利益に対する資産効率を求める指標なので、求めたい各々の利益率を見ていくことができます。例えば本業の儲けと資産との効率を見る営業利益、本業以外の利益を足しての資産効率は経常利益、そして当期純利益との資産効率も同様にそれぞれ違った資産効率を見ることができます。

ROEでは恣意的に分母を下げる手法を説明しましたが、正攻法で〝ROAを高めながらROEを向上させる〟ことこそが重要と考えます。ROAの計算式は、「総資産利益率＝利益÷資産×100」で求められるものです。ROAが高い企業ほど資産当たりの利益を効率良く稼いでいることになります。売りのすべての根拠の道具は資産にあるのです。

私は資産効率が著しく悪化したある老舗のホテルを知っています。民事再生法を適用した例でしたが、バブル時代の過剰投資による返済に追われました。バブル経済の崩壊で、投資による売上回収という有利子負債の重圧に持ちこたえられなくなったのです。つまり、ROAという総資産回転率の悪化で、たくさんの資産を保有していても肝心の売上を創出してくれない状態になったのです。原価経費管理委員会等の発足もなく、それは致し方のない経営関連指標の看過だったのかもわかりません。

事業というものは、資産があってそこから売上が発生して利益が生まれ、自己資本の株主資本利益率に反映されていくものです。繰り返しますが、分解計算式にあるように、ＲＯＥはこのＲＯＡの中にあるものです。まずは順番に、しっかりとＲＯＡを稼がなくてはなりません。損益計算書と共に貸借対照表のそれぞれの実態をきちっと把握して、売上高利益率と資産回転率にも気を配る必要があります。

もう一つ大切なことに触れます。それは「利益÷総資産」を「利益÷売上高」と「売上高÷総資産」に分解してそれぞれ部門ごとに落とし込む、部門別ＲＯＡ指標です。「利益÷売上高」は部門別売上高利益率で、これは売上に対しての部門別の利益率です。「売上÷総資産」は部門別資産回転率で、どれだけ資産を効率良く売上に変えているかの指標です。これらを部門別に見ていくと、部門ごとの貢献度がわかり、改善すべき点を特定できるようになります。

ＲＯＡの基本的な定義にも触れます。それは言うまでもなく、貸借対照表の右側の負債と純資産の調達で左側の資産の活用のことです。調達には会社の責任があり、利益を出すことに経営責任があります。平たく言いますと、「金融機関等からの借入金も含めた全体の総資産でどのくらい効率良く稼いでいるのか」という大きな「責任指標」への具体的な経営姿勢です。前述のＲＯＥばかりに傾注すると、自己資本比率と負債等を顧みずに、財務状況という安全性が留守となってしまう恐れがあります。

そこで気にしておくことは「基準値」です。ROEには8％という数値がよく登場します。ROAは目標額が過去3年の平均値を上回り、しかも5～10％の範囲内が目安です。そして、外部要因の経済動向がどう反映したのか、また具体的にどう連鎖的に内部要因にも影響したのか、続いてそれが売上高成長率や資産回転率にどのような形で影響を及ぼしたのかにも注目する必要があります。

1-10 ROEとROAの比較

一時、新聞紙上でもROEとROAは比較されました。そして多くの論調はROEが大事と示唆するものでした。ただ、企業モラルという点ではどうなのかと思います。前項で「責任指標」という用語を使いながらROAを説明しました。一方、ROEだけでは会社の資産をまかなってくれている金融機関や社債関連者（負債の提供者）の立場をどう説明するのでしょうか。ROEではこの部分が隠れてしまっているのです。言葉を選ばなければ、これら負債の上に「あぐら」をかいて「ROEがROAよりも大切」と言っていることになり、そのような企業モラルや倫理が果たして通用するものなのかと疑問視してしまいます。

ROEは純資産と当期純利益とで計算する重要指標のことでした。そして、ROAがROEも含めた存在であることを学びました。会社の全財産を構成する金融機関や社債等の他人資本の借入金と純資産とでさまざまな事業活動を行います。要はこれら他人資本をどう見ているかということです。企業というものは、必ず負債も含めた全体像を視野に入れながら経営を行います。そういう意味でも私は、企業の利益率が全体の資産に対してどれだけ高いかを表すＲＯＡが第一義であらねばならないと思います。その次がＲＯＥです。

私はＲＯＥだけが本一冊に上梓されるほど特別な重要経営指標とは考えてはいません。ただ「株主さんにもっと具体的な経営目線を向けてほしい」という経営姿勢は当たり前のことです。私の本棚に、日本経済新聞社の『勝てるＲＯＥ投資術』という書籍があります。ＲＯＥに関連する全般的なことが詳細に書かれてあります。そして「ＲＯＥについて述べた書籍では本書がベストである」と声高々に記されています。それはそうだと思いますし、ＲＯＡにはこの種のような書籍は見当たりません。ただ貸借対照表の負債と純資産とで資産が形成されていて、その資産で売上を上げて利益を稼ぐという資産効率が、決して二義的な経営的存在ではないことも事実です。ＲＯＥとＲＯＡの二つは関連性があるもののそれぞれ別物で、ＲＯＥには意味意義があり、ＲＯＡにも意味意義があり、両者がそれぞれ指摘するものを同一比較することにさほどの重要性があるとは思えません。ＲＯＥが企業に伝授していることをしっかり受け止めてそれを理解し、同様にＲＯＡが伝授していることを理解することで、両者は呉越同舟ではなくて、役目の違う二つの経営指標を表裏一体的に見るべきものと考察します。

これを違った観点から見てみます。それは営業利益と総資産回転率などでＲＯＡを高めていき、準じてそれは収益の向上に通じることでＲＯＥを高める要素も含まれているのです。つまり貸借対照表の右側には他人資本の負債があり、その下に自己資本がありました。その合計が左側の総資本です。ということは、ＲＯＥを高めるためには、まずはＲＯＡを高めて財務レバレッジを増やせば良いことになります。それは収益率の最大化となってＲＯＥを高めることになります。計算式はＲＯＡに財務レバレッジを乗じるということです。平たく同じことを言いますが、ＲＯＥは自己資本比率が低いほど上昇するということです。もっと言いますと、安全性とＲＯＥの交換みたいなものになりますね。

この章の最後に言及しておきたいことは財務バランスへの傾注度です。つまり、純資産の減少と同時に自社株買いによって資金の流出があると、設備投資などの機会を逸しかねず、中長期的に見てそれが企業の成長の足かせにならないかということです。特に大規模な自社株買いは慎重に検討しなければなりません。「木を見て森を見ず」に陥らないよう、本質と全体を視野に入れて経営バランスを取ることが大切です。

あとがき

日本のサラリーマンは決算書を「読まない」と言われます。読まないのか、読めないのかは定かではありませんが、私はその理由はおそらく「関心がないから」だと思います。その上に、ある一定の役職につくまではその必要性を感じないということでしょう。気がつけば、読めないことになっていて、この悪循環が正当性のない賃金に同意せざるをえない状況が続くことになってしまったというところでしょう。

平成令和を顧みて、先進国の中で唯一日本だけが賃金が上がっていなかったらしいです。そしてようやく、今年の春闘あたりから、この状況が変わり出しました。ずいぶんと遠回りをしましたね。会計は間違いなく企業人生を豊かにしてくれます。その筆頭が賃金です。企業会計は社員への妥当性ある賃金のあり方を教示してくれ、可処分所得に余裕ができ、消費が活性化されます。

ホテル旅館業界は財務リテラシーにうといと言われて久しく、それを脱却するためにはまずもって決算書が読めることが必然的にして当然です。この本を一つのきっかけにして皆さんの学習意欲の助けになればと切に思います。

参考文献

小宮一慶『「ROEって何？」という人のための経営指標の教科書』PHP研究所　2017年

金子智朗『教養としての「会計」入門』日本実業出版社　2023年

城　堅人『ホテル旅館の販売促進』柴田書店　1984年

大村大次郎『決算書は3項目だけ読めばいい』PHP研究所　2020年

矢島雅巳『決算書はここだけ読もう　2013年版』弘文堂　2012年

日本経済新聞社『財務諸表の見方〈第13版〉』日本経済新聞出版社　2019年

髙橋幸子・岡田良則『賃金制度を変えるならこの1冊』自由国民社　2014年

桐原浩一『一年で黒字を実現する　赤字企業再建術』幻冬舎　2011年

高田靖久『お客様が「減らない」店のつくり方』同文舘出版　2014年

中尾篤史編『たった3つの公式で私でもわかる決算書』　宝島社（別冊宝島）2013年

柴山政行『クイズ形式で世界一カンタンにわかる！　決算書の読み方』　宝島社（TJムック）　2020年

損益計算書

シティーホテル横浜

自令和5年4月1日　至令和6年3月31日　　単価：10万円

科目		金額
売上高		22,300
売上原価		5,700
売上総利益		16,600
販売費及び一般管理費		
給料手当	6,010	
外注人件費	400	
人件費関連	1,890	
水道光熱費	1,100	
維持保守	870	
業務費関連	1,330	
送客手数料	640	
販売費関連	460	
公租公課	320	
減価償却	1,200	
管理費関連	880	15,100
営業利益		1,500
営業外収益		
営業外費用		
支払利息		
その他の営業費用	200	200
経常利益		1,300
特別利益		
固定資産売却益	100	100
特別損失		
減損損失	100	100
税引前当期純利益		1,300
税金関連		500
当期純利益		800

図表1　損益計算書-1

損益計算書

単価：10万円

勘定科目	前期実績	今期実績	構成率	予算	予算達成率	対前年増減
室料売上	5,500	5,300	24	5,600	95	△ 200
料理売上	9,400	9,500	43	9,400	101	100
飲料売上	3,000	2,700	12	3,000	90	△ 300
サービス売上	1,800	1,700	7	1,800	94	△ 100
商品売上	100	0	−	200	−	△ 100
その他売上	3,200	3,100	14	3,200	97	△ 100
売上合計	23,000	22,300	100	23,200	96	△ 700
料理原価	3,000	3,100	33	3,000	103	100
飲料原価	800	700	26	800	88	△ 100
商品原価	100	0	−	100	−	△ 100
その他原価	2,000	1,900	61	1,800	106	△ 100
原価合計	5,900	5,700	26	5,700	100	△ 200
売上総利益	17,100	16,600	74	17,500	95	△ 500
人件費合計	8,500	8,300	37	8,500	98	△ 200
業務費合計	3,100	3,300	15	3,200	104	200
販売費合計	1,000	1,100	5	1,000	110	100
管理費合計	2,100	2,400	11	2,000	120	300
販管費	14,700	15,100	68	14,700	103	400
営業利益	2,400	1,500	7	2,800	54	△ 900
営業外収入	100	0	0	100	−	△ 100
営業外費用	100	200	−	100	200	100
経常利益	2,400	1,300	6	2,800	46	△ 1,100
特別利益	0	100	0	0	−	100
特別損失	0	100	0	0	−	100
税引前当期利益	2,400	1,300	6	2,800	46	△ 1,100
法人税等	1,000	500	2	1,100	45	△ 500
当期純利益	1,400	800	4	1,700	47	△ 600
減価償却費	900	1,200	5	900	133	300
償却前営業利益	3,300	2,700	12	3,700	73	△ 600

図表2　損益計算書-2

詳細損益計算書

科目	実績		
室料売上	5,300	広告宣伝費	340
料理売上	9,500	送客手数料	640
飲料売上	2,700	販売促進費	60
サービス売上	1,700	その他販売費	60
商品売上	0	**販売費合計**	1,100
その他売上	3,100	旅費交通費	20
売上合計	22,300	車両費	80
料理原価	3,100	通信費	90
飲料原価	700	事務印刷費	110
商品原価	0	調査研究費	20
その他原価	1,900	交際費	70
原価合計	5,700	求人費	10
売上総利益	16,600	教育費	10
給料予算	6,010	手数料	40
賞　与	320	運　賃	20
退職金	90	EC手数料	70
業務委託費	360	諸会費	30
外注人件費	400	寄附金	10
福利厚生	130	公租公課	320
法定福利費	840	保険料	50
企業年金費	70	料理部海外研修	0
退職給付費用	60	駐車場	230
役員退職慰労金	20	雑　費	10
人件費合計	8,300	減価償却	1,200
出演料	20	繰越資産償却費	10
食器厨房費	60	運営指導料	0
洗濯費	290	修繕引当金繰入	0
制服費	80	**管理費合計**	2,400
備品費	10	**販管費合計**	15,100
備品リース費	60	**営業利益**	1,500
消耗品費	120	受取利息	0
サービス品質	190	受取配当金	0
電気料	800	雑収入	0
燃料費	450	**営業外収入　計**	0
水処理費	300	**営業外費用　計**	200
維持保守	870	**経常利益**	1,300
修繕費	30	**特別利益**	100
営繕部品費	10	**特別損失**	100
装飾費	10	**税引前当期純利益**	1,300
業務費合計	3,300	**当期純利益**	800

図表３　詳細損益計算書

部門別損益計算書（配賦後）

	宿泊	%	レストラン	%	宴会	%	総合計	%	配賦基準
売上高	722,489	100.0%	732,321	100.0%	976,429	100.0%	2,431,239	100.0%	
売上原価	86,698	12.0%	241,666	33.0%	297,980	30.5%	626,344	25.8%	
①粗利益	635,791	88.0%	490,655	67.0%	678,449	69.5%	1,804,895	74.2%	
直接費									
外注人件費	0	0.0%	24,210	3.3%	32,281	3.3%	56,491	2.3%	
人件費（固定）	62,972	8.7%	121,171	16.5%	161,562	16.5%	345,705	14.2%	
人件費（変動）	26,988	3.7%	51,930	7.1%	69,241	7.1%	148,159	6.1%	
人件費　計	89,960	12.5%	197,311	26.9%	263,084	26.9%	550,355	22.6%	
外注清掃費	70,508	9.8%	6,201	0.8%	8,288	0.8%	84,997	3.5%	面積
リネンサプライ費	26,615	3.7%	3,562	0.5%	4,750	0.5%	34,927	1.4%	
保守管理費	11,478	1.6%	11,634	1.6%	15,513	1.6%	38,625	1.6%	売上
業務委託費 計	108,601	15.0%	21,397	2.9%	28,551	2.9%	158,549	6.5%	
旅費交通費	5,180	0.7%	10,803	1.5%	14,404	1.5%	30,387	1.2%	
修繕費	1,221	0.2%	1,238	0.2%	1,650	0.2%	4,109	0.2%	
消耗品類	11,053	1.5%	11,203	1.5%	14,937	1.5%	37,193	1.5%	
リース料	22,303	3.1%	4,521	0.6%	6,028	0.6%	32,852	1.4%	売上
その他 計	39,757	5.5%	27,765	3.8%	37,019	3.8%	104,541	4.3%	
直接費 計	238,318	33.0%	246,473	33.7%	328,654	33.7%	813,445	33.5%	
間接費							0		
人件費（固定）	12,812	1.8%	12,812	1.7%	25,624	2.6%	51,248	2.1%	人員
人件費（変動）	5,491	0.8%	5,491	0.7%	10,981	1.1%	21,963	0.9%	人員
広告宣伝費	17,971	2.5%	18,198	2.5%	24,305	2.5%	60,474	2.5%	売上
販売促進費	412	0.1%	417	0.1%	558	0.1%	1,384	0.1%	売上
支払手数料	44,854	6.2%	45,421	6.2%	60,661	6.2%	150,936	6.2%	売上
電話料	3,274	0.5%	4,205	0.6%	5,617	0.6%	13,096	0.5%	売上
通信費	1,520	0.2%	1,539	0.2%	2,055	0.2%	5,114	0.2%	売上
水道光熱費	85,644	11.9%	7,531	1.0%	10,066	1.0%	103,241	4.2%	面積
公租公課	347	0.0%	352	0.0%	469	0.0%	1,168	0.0%	売上
接待交際費	5,680	0.8%	5,752	0.8%	7,681	0.8%	19,113	0.8%	売上
保険料	1,780	0.2%	1,803	0.2%	2,407	0.2%	5,990	0.2%	売上
備品費	11,560	1.6%	11,706	1.6%	15,634	1.6%	38,900	1.6%	売上
音楽装飾費	4,262	0.6%	4,316	0.6%	5,764	0.6%	14,342	0.6%	売上
雑費	8,950	1.2%	8,950	1.2%	17,902	1.8%	35,802	1.5%	人員
リース料	3,121	0.4%	3,160	0.4%	4,221	0.4%	10,502	0.4%	売上
間接費 計	207,678	28.7%	131,653	18.0%	193,945	19.9%	533,276	21.9%	
営業費 計	445,996	61.7%	378,126	51.6%	522,599	53.5%	1,346,721	55.4%	
②営業利益	189,795	26.3%	112,529	15.4	155,850	16.0%	458,174	18.0%	
固定費							0		
減価償却費	110,606	15.3%	9,727	1.3%	13,000	1.3%	13,333	5.5%	面積
地代家賃	44,796	6.2%	3,939	0.5%	5,265	0.5%	54,000	2.2%	面積
公租公課	33,683	4.7%	2,962	0.4%	3,959	0.4%	40,604	1.7%	面積
保険料	4,058	0.6%	357	0.0%	477	0.0%	4,892	0.2%	面積
支払利息	73,391	10.2%	20,624	2.8%	27,545	2.8%	121,560	5.0%	売上
繰延償却	0	0.0%	0	0.0%	0	0.0%	0	0.0%	
固定費 計	266,534	36.9%	37,609	5.1%	50,246	5.1%	354,389	14.6%	
固定費控除後利益	−76,739	−10.6%	74,920	10.2%	105,604	10.8%	103,785	4.3%	
営業外収益	0	0.0%	0	0.0%	0	0.0%	0	0.0%	
営業外費用	0	0.0%	0	0.0%	0	0.0%	0	0.0%	
営業外損益 計	0	0.0%	0	0.0%	0	0.0%	0	0.0%	
③経常利益	−76,739	−10.6%	74,920	10.2%	105,604	10.8%	103,785	4.3%	
特別利益	0	0.0%	0	0.0%	0	0.0%	0	0.0%	
特別損失	0	0.0%	0	0.0%	0	0.0%	0	0.0%	
税引前当期利益	−76,739	−10.6%	74,920	10.2%	105,604	10.8%	103,785	4.3%	
法人税等	3,984	60.0%	29,968	4.1%	42,241	4.3%	76,193	3.1%	
④当期利益	−80,723	−11.2%	44,952	6.1%	63,363	6.5%	27,592	1.1%	

変動費 合計	456,910	63.2%	485,809	66.3%	633,393	64.9%	1,576,112	64.8%	
固定費 合計	342,318	47.4%	171,592	23.4%	273,432	24.3%	751,342	30.9%	
限界利益率（%）	36.8%		33.7%		35.1%		35.2%		
損益分岐点売上	931,252		509,754		675,834		2,136,165		

図表４　部門別損益計算書

原価経費管理委員会

四半期毎原価経費増減累計表

		第（　）四半期累計
売上高	前期累計	
	今期累計	
	増　減	
原価／対策	前期累計	
	今期累計	
	増　減	
売上総利益	前期累計	
	今期累計	
	増　減	
人件費／対策	前期累計	
	今期累計	
	増　減	
業務費／対策	前期累計	
	今期累計	
	増　減	
販売費／対策	前期累計	
	今期累計	
	増　減	
管理費／対策	前期累計	
	今期累計	
	増　減	
販管費	前期累計	
	今期累計	
	増　減	
営業利益	前期累計	
	今期累計	
	増　減	

注釈:原価経費管理委員会の主旨は、四半期毎の原価と経費、双方の削減対策です。原価と経費削減の計画及び実施した結果と比例して関連商品の売上が減少しないようにすることが大切です。

図表５　原価経費管理委員会

資産の部		負債及び純資産の部		
科目	金額	科目	金額	
流動資産	**10911**	**流動負債**	**22,038**	
現金・預金	5,044	支払手形・買掛金	1,771	
受取手形・売掛金	3,494	短期借入金	5,275	
商品・貯蔵品	574	1年以内返済予定長期借入金	7,744	**他人資本**
繰越税金資産	275	その他	7,248	
その他	1,554	**固定負債**	**54,855**	
貸倒引当金	△ 30	長期借入金	28,594	
固定資産	**93,876**	退職給付に係る負債	8,159	
有形固定資産	59,189	長期預り金	13,404	
無形固定資産	1,060	その他	4,698	
投資・その他	33,626	**負債合計**	**76,893**	
		資本金	12,081	
		資本余剰金	5,431	
		利益剰余金	5,253	
		自己株式	△ 914	**自己資本**
		株主資本計	21,852	
		その他包括利益累計額	5,854	
		少数株主持分	187	
		純資産合計	**27,894**	
資産合計	**104,787**	**負債・純資産合計**	**104,787**	

※H.25 12.31 藤田観光のデータを使用

図表6　貸借対照表-1

単位：百万円

	藤田観光		帝国ホテル		ロイヤルホテル		日本ビューホテル	
	H.25.12.31	H26.12.31	H26.3.1	H27.3.31	H26.3.31	H27.3.31	H26.4.30	H27.4.30
資産の部								
流動資産								
現金・預金	5,044	5,944	22,891	24,381	2,825	5,323	2,809	3,490
受取手形・売掛金	3,494	3,651	3,639	3,426	2,438	2,666	666	659
商品・貯蔵品	574	570	432	452	383	345	190	184
繰越税金資産	275	436	675	630	0	0	155	155
その他	1,554	1,488	5,115	7,938	667	806	295	282
貸倒引当金	△ 30	△ 36	△ 11	△ 17	0	0	0	0
流動資産計	10,911	12,051	32,741	36,810	6,314	9,141	4,116	4,772
固定資産								
有形固定資産								
建物・構築物	94,751	93,315	100,571	101,500	82,799	69,901		
減価償却累計額	△ 57,463	△ 58,279	△ 85,548	△ 87,102	△ 60,975	△ 52,293		
建物・構築物(純額)	37,288	30,538	15,022	14,397	21,803	17,607	9,229	9,624
その他	21,901	20,078	4,571	4,622	8,725	3,933	6,888	6,795
有形固定資産計	59,189	55,112	19,593	19,019	30,528	21,540	16,117	16,419
無形固定資産	1,060	939	1,155	1,263	418	490	1,425	1,414
投資・その他	33,626	32,778	13,208	13,121	13,984	15,194	293	259
固定資産計	93,876	88,829	33,958	33,404	44,931	37,225	17,836	18,093
資産合計	104,787	100,881	66,700	70,214	51,245	46,367	21,953	22,866
負債の部								
流動負債								
支払手形・買掛金	1,771	1,737	1,294	1,246	1,404	1,440	420	462
短期借入金	5,275	2,885	0	0	3,994	2,827	0	0
1年以内返済予定長期借入金	7,744	8,436	0	0	0	0	1,078	1,200
その他	7,248	9,230	6,659	7,999	4,169	5,374	2,151	2,272
流動負債計	22,038	22,288	7,953	9,245	9,567	9,641	3,649	3,934
固定負債								
長期借入金	28,594	26,141	0	0	15,961	7,777	3,093	3,193
退職給付に係る負債	8,159	0	6,570	7,335	6,804	5,795	564	474
長期預り金	13,404	13,122	3,981	4,061	3,890	3,756	468	251
その他	4,698	11,554	1,095	1,085	7,105	7,766	1,029	895
固定負債計	54,855	50,817	11,647	12,481	33,760	25,094	5,154	4,813
負債合計	76,893	73,106	19,601	21,727	43,327	34,736	8,804	8,747
純資産の部								
株主資本								
資本金	12,081	12,081	1,485	1,485	18,102	18,102	2,579	2,751
資本余剰金	5,431	5,431	1,378	1,378	14,980	14,980	1,499	1,671
利益剰余金	5,253	5,305	45,769	45,759	△ 26,849	△ 21,398	8,984	9,572
自己株式	△ 914	△ 916	△ 89	△ 89	△ 53	△ 54	0	0
株主資本計	21,852	21,902	48,543	48,543	6,178	11,629	13,063	13,995
その他包括利益累計額	5,854	5,668	△ 56	△ 56	1,739	1	85	123
少数株主持分	187	204	0	0	0	0	0	0
純資産合計	27,894	27,774	48,487	48,487	7,917	11,630	13,148	14,118
負債・純資産合計	104,787	100,881	70,214	70,214	51,245	46,367	21,953	22,866

図表7　貸借対照表-2

キャッシュフロー計算書

○営業活動によるキャッシュフロー

税引前当期純利益	17,000
減価償却費	12,000
退職給付引当金増加額	400
固定資産売却損益	△ 500
売上債権の増減額	400
たなおろし資産の増減額	△ 800
仕入れ債務の増減額	600
営業活動によるキャッシュフロー	29,100

○投資活動によるキャッシュフロー

有価証券の取得による支出	△ 3,000
有価証券の売却による収入	300
有形固定資産の取得による支出	△ 25,000
有形固定資産の売却による収入	20,000
投資活動によるキャッシュフロー	△ 7,700

○財務活動によるキャッシュフロー

長期借入金による収入	20,000
長期借入金の返済による支出	△ 3,000
自己株式の取得	△ 5,000
配当金の支払額	△ 5,000
財務活動によるキャッシュフロー	7,000
現金及び現金同等物の増加額	28,400
現金及び現金同等物の期首残高	100,000
現金及び現金同等物の期末残高	128,400

※注釈　固定資産売却損益は、損益計算書の純利益に含まれています。営業活動によるキャッシュフローでは同額をマイナスし、改めて投資キャッシュフローに記載調整します。

自ホテル旅館の損益計算書の税引前当期純利益からスタートして、キャッシュフロー計算書を作成してみてください。

図表8　キャッシュフロー計算書

シティーホテル横浜　第21期　資金繰り表

(2018年 4月 1日 ～ 2019年3月31日)

単位：千円

			4月	5月	6月	7月	8月	9月	10月	11月	12月	1月	2月	3月	合計
月初繰越残高（A）			235,381	237,087	165,946	188,457	152,139	96,107	132,467	120,634	145,537	162,290	200,945	186,064	2,023,054
経常収支	収入	現金売上	47,608	43,002	42,235	36,392	39,372	39,347	47,537	53,785	59,253	47,157	42,496	54,662	552,846
		売掛金回収	128,099	137,071	135,983	139,802	92,269	144,787	120,309	133,102	150,599	165,907	132,039	118,989	1,598,956
		前受金	1,524	1,939	2,363	2,082	8,411	1,155	4,977	3,466	10,972	2,651	2,604	4,839	46,983
		未収入金	3,329	2,813	2,774	2,705	2,791	2,561	3,260	2,725	2,807	3,723	2,884	5,687	38,059
		その他収入	2,737	3,336	9,425		595	525	3,606	3,316	△ 3,022	5,477	3,943	△ 2,027	27,911
		収入計（B）	183,297	188,161	192,780	180,981	143,438	188,375	179,689	196,394	220,609	224,915	183,966	182,150	2,264,755
	支出	買掛金支払	42,870	58,750	54,149	42,703	63,179	46,235	47,016	45,530	50,903	53,251	64,681	50,456	619,723
		未払金支払	50,132	67,832	28,278	52,430	46,602	26,985	49,829	35,218	39,494	40,343	50,460	39,139	526,742
		人件費	49,323	50,476	49,229	47,461	53,183	47,925	58,422	61,901	60,166	59,265	57,637	59,544	654,532
		賞与支払				15,226					15,000				30,226
		税金支払	159	16,976	2,007			178	6,546		40	6,546			32,452
		FC関連	14,096	16,282	13,749	14,630	14,175	14,298	15,048	15,163	17,309	14,504	14,290	15,237	178,781
		その他販管費	25,011	3,720	22,857	33,951	18,681	16,394	6,263	5,730	14,995	6,902	6,391	6,945	167,840
		税還付金					△ 1,849								△ 1,849
		運営指導料		11,840											11,840
		21期消費税				10,898	5,499		10,898	5,449	5,449	5,449	5,449	5,449	54,540
		支出計（C）	181,591	225,876	170,269	217,299	199,470	152,015	194,022	168,991	203,356	186,260	198,908	176,770	2,274,827
	経常支出計(D)=(B)−(C)		1,706	△ 37,715	22,511	△ 36,318	△ 56,032	36,360	△ 14,333	27,403	17,253	38,655	△ 14,942	5,380	△ 10,072
財務支出	調達	短期借入金	5,803	5,803	5,803	5,803	5,803	5,803	8,303	5,803	5,803	5,803	5,803	5,803	72,136
		長期借入金													0
		調達計(E)	5,803	5,803	5,803	5,803	5,803	5,803	8,303	5,803	5,803	5,803	5,803	5,803	72,136
	返済	短期借入金	5,803	39,229	5,803	5,803	5,803	5,803	5,803	8,303	6,303	5,803	5,742	5,742	105,940
		長期借入金													0
		返済計(F)	5,803	39,229	5,803	5,803	5,803	5,803	5,803	8,303	6,303	5,803	5,742	5,742	105,940
	財務支出計(G)=(E)−(F)		0	△ 33,426	0	0	0	0	2,500	△ 2,500	△ 500	0	61	61	△ 33,804
合計収支(H)=(D)+(G)			1,706	△ 71,141	22,511	△ 36,318	△ 56,032	36,360	△ 11,833	24,903	16,753	38,655	△ 14,881	5,441	△ 43,876
次月繰越金(I)=(A)+(H)			237,087	165,946	188,457	152,139	96,107	132,467	120,634	145,537	162,290	200,945	186,064	191,505	

図表9　資金繰り表

著者プロフィール

鈴木 光一（すずき こういち）

旧神戸オリエンタルホテルを経てロンドン・ウエストバリーホテルに企業留学、トロント・ウエストバリーホテル（現マリオット）に移籍、同時に西武のトロント・プリンスホテルの開業準備に携わる。帰国後、シンガポール航空東京支社から本社シンガポールに極東支配人で駐在。続いて日本ビューホテルの海外第一号のマレーシア・デサルビューホテルの総支配人に着任、シンガポール・リバービューホテル（現シェラトン）総支配人、インドネシア・バタムビューホテル総支配人。日本ビューホテルシンガポール支店長に就任と共にモルディブ共和国における三井建設のオルベリビューホテルの開発に着任、二十数年に及ぶシンガポール駐在を経て帰国後、浅草ビューホテル総支配人に着任、東日本大震災直後に郡山ビューホテルに代表取締役社長として2期8年の勤務を経て退職。2019年から2年間、厚生労働省指定試験機関「日本宿泊産業マネジメント技能協会」の指定試験機関技能検定委員を委嘱。

ホテル・旅館の財務三表

2025年3月15日　初版第1刷発行

著　者　鈴木 光一
発行者　瓜谷 綱延
発行所　株式会社文芸社
〒160-0022　東京都新宿区新宿1－10－1
電話　03-5369-3060（代表）
03-5369-2299（販売）

印刷所　株式会社フクイン

ISBN978-4-286-25968-0